大展好書　好書大展
品嘗好書　冠群可期

大展好書　好書大展

品嘗好書　冠群可期

陳式太極拳 ⑭

王西安 著

陳式太極拳老架技擊秘訣

大展出版社有限公司

2007年11月作者
（中間）受韓國
「捋擠按學校」
邀請攜弟子申思
及石東赴韓國參
加太極拳文化交
流

央視康龍武林大會前四強選手（都是王西安拳法研究會
的會員）左起李天金、王戰軍、樊帥鑫、陳三虎

央視武林大會陳式太極拳總
冠軍王戰軍（作者的徒弟）

太極歌訣

何人創始太極拳？紛紛嚷嚷數百年。
陰陽之理定主弦，技擊來源於民間。
說長道短不足據，歲月渺茫如雲煙。
五家沿襲史有鑒，九世開創樹風範。

名手如水東逝去，崢嶸神功看今賢。
太極發祥後有繼，龍虎場上奪桂冠。
飄洋過海威名傳，珍惜光陰刻苦練。
明白其理深研探，周天暢通壽無邊。

王西安
1998 年 8 月於鄭州

作者簡介

　　王西安是當代陳式太極拳代表人物，陳式太極拳「四大金剛」之一，享譽世界的太極拳王。現任陳家溝武術院院長，中國民間武術家聯誼會會長，焦作市武術協會副主席。他是國內外50多個武術團體的會長、顧問或總教練。

　　他出生於太極拳發源地陳家溝。自幼隨陳式太極拳大師陳照丕和陳照奎習練太極拳，前後20多載，掌握了陳式太極拳的精髓。他的套路演練舒展大方、形神兼備。他的技擊功夫極好，跌打擲放，迅、猛、靈、脆，威力驚人。

　　1972年，他開始參加比賽，先後20多次獲得全國和河南省太極拳套路和推手比賽冠軍。他是首屆全國太極拳推手錦標賽冠軍，首屆全國太極拳名家邀請賽冠軍。

　　1983年，他開始出國講學傳拳。他的足跡已經遍及30多個國家和地區。他是第一個應邀出國傳拳和將陳式太極拳傳到日本與歐洲的陳式太極拳大師。他的200多個入門弟子都是全國或河南省太

極拳比賽的冠軍，他的弟子的弟子獲得全國或河南省太極拳比賽冠軍者不計其數。他的外籍弟子獲得中國或本國太極拳比賽冠軍者不勝枚舉。

　　他勤於筆耕，先後出版了《陳式太極拳老架》《陳式太極拳推手技法》《陳式太極拳老架技擊秘訣》《陳式太極拳新架一路》、《陳式太極拳新架二路及單刀單劍》等太極拳著作。他的著述中處處閃現其對運動走勁的獨特感悟，初學者細讀可粗窺門徑；有志者循序漸進，可達精妙之境。他還錄製了9種陳式太極拳套路演練光碟。他的著作和光碟均在國內外發行。他已入選《中國武術家名典》《東方之子》《中國名人錄》等。

Introduction To The Author

Being one of the four world-famous Chen Style Taijiquan Grand Masters, Wang Xi'an is a representative figure of contemporary Chinese martial art. He is the current president of Chen Village Martial Arts Institute, the chairman of Chinese Folk Martial Artist Association, and the vice chairman of the Wushu Association of Jiaozuo City. He is also the head coach or consultant of more than 50 martial art teams throughout the world.

Master Wang was born in Chen Village — the birth place of Chen Style Taijiquan. Starting in his youth, he followed the two 18th generation Chen Style Taijiquan grand masters, Chen Zhaopi and Chen Zhaokui, for over 20 years to learn and refine his skills and theory. Under the brilliant teachings of the two grand masters and through his own diligence, he mastered the essence of Chen Style Taijiquan and excelled in many aspects of Chen Style Taijiquan, especially in the practical techniques of push hands. His beautiful forms are characterized by graceful, complete, and natural moves. His astounding combat techniques are full-feature demonstrations of power, swiftness, flexibility, and effectiveness. Since 1972 master Wang has participated in numerous national and regional martial art tournaments and earned more than 20 titles in both Chen Style Taijiquan routines and push hands. He was the champion of the very first National Taijiquan Push Hands Championship Competition, and the champion of the first National Taijiquan Masters Invitational Tournament. Master Wang started his teaching outside China from 1983, since then has traveled to over 30 countries and regions worldwide to teach Chen Style Taijiquan. He was the first Chen Style Taijiquan master having been invited to teach taijiquan in Japan and Europe. His more than 200 formal disciples are all gold medal winners of various national and regional taijiquan tournaments, and his disciples' students have also won numerous gold medals in national taijiquan tournaments. Many of his international students are champions of national and world-wide taijiquan tournaments.

Based on his won learning and teaching experience as well as the works of earlier Chen Style Taijiquan masters, Master Wang has published several books about Chen Style Taijiquan: *Chen Style Taijiquan Old Frame, Chen Style Taijiquan Push Hands Techniques, The Secret Combat Techniques of Old Frame Chen Style Taijiquan, Chen Style Taijiquan New Frame First Form, Chen Style Taijiquan New Frame Second Form Single Broadsword and Single straight Sword.* He also recorded all Chen Style Taijiquan routines on a set of 9 video discs to give students a live, thorough, and detailed demonstration. These books and videos are available throughout the world, these works fully reflect Master Wang's personal enlightenment and deep understanding of the Chen Style Taijiquan theory and train-ing system, they were written to help beginners as well as advanced students to improve their taijiquan skills towards perfection. Because of his excellent taijiquan skills and well recognized works in teaching and promotion taijiquan throughout the world, Master Wang was selected to be list-ed in *The Dictionary of Chinese Martial Artists, The Son of China, The Book of Famous Chinese People.*

序 言

　　我和王西安先生第一次見面是在1982年6月上旬，地點是中國河南省體育館。時任陳家溝太極拳體校校長的王西安正致力於向陳家溝村的青少年們傳授陳式太極拳的工作。此後，自1983年他初次應邀訪日開始，我們又見面多次。1990年還一起應邀到日本筑波市國際美學院交流訪問，朝夕相處數日，更加深了瞭解和友誼。

　　1993年我訪問溫縣時，已任溫縣太極武術館副館長兼總教練的王西安先生告訴我，他的《陳式太極拳老架》一書，野口敦子女士正在翻譯成日語，希望我給予幫助。我拜讀了出自王先生之手的那本書後，深感內容博大精深，許多都是初次披露的秘訣，具有很高的學術價值。我向福昌堂推薦，希望在日本出版。所幸的是其價值得到理解，被列入出版計畫，內心不知有何等興奮。

　　1998年3月，野口敦子女士告訴我，王西安先生的另外兩本專著《陳式太極拳推手技法》《陳式太極拳老架技擊秘訣》也已完稿，準備付梓，並請我為

《陳式太極拳老架技擊秘訣》作序，聞此心中格外驚喜。在陳家溝四傑當中，王西安先生尤以實戰著稱。他的著作中不乏理論上的真知灼見，更有獨到的從實踐中來的秘訣。對王先生勤於著述的精神表示敬意的同時，也恭候其著作能翻譯成日文，儘快與日本讀者見面。

[日]松田隆智

1998年3月

自 序

　　陳式太極拳是融健身、技擊為一體的古老拳種，早在300多年前就已成為我國最著名的拳派之一。太極拳的「太極」二字，內涵豐富，包括面十分廣泛，涉及天文、地理、樂律、兵法等諸多學科。

　　近年來，隨著喜愛和演練太極拳的人日益增多，對太極拳理論書籍的需要也愈來愈迫切。

　　本書是在陳式太極拳老架一路76式和老架二路45式的基礎上，刪去重複動作，分別剩餘42式和38式，逐式分解技擊用法及其特點和運動路線。為便於演練者背誦、記憶，書中用了較多的五字或七字俚語，各式後邊附有不同情景下的分解動作用法詳解，最後以陳鑫俚語歌訣結束。

　　本書對有一定練拳基礎的人研究陳式太極拳有一定的參考價值。但在演練時要注意，無論是推手實踐，還是練習單式，都必須建立在「陰陽開合」「剛柔相濟」「開中寓合」「合中寓開」的技擊、形體相互轉化的基礎上。在技擊方法練習中，不能因重視技擊，反而出現斷續、僵直、丟頂之病，只是在意念和

手法上略有側重而已，久之熟能生巧，定收良效。切不可顧此失彼，弄巧成拙。

　　本書是著者在長期練拳實踐中的一點經驗積累和體會，意在拋磚引玉。演練者應遵循太極拳的理論，在實踐中反覆體會，總結經驗，明辨各招式中的「意與氣」「氣與形」「形與神」「內外相合」「周身相隨」等原則。只有掌握各招式之間的相互變化關係，才能逐漸提高自己的技擊水準，愈練愈精。

　　因作者水準有限，加上時間倉促，書中會有疏漏之處，望廣大讀者朋友閱後多提寶貴意見。閻素杰、宋振偉參與了本書的校對工作！

王西安

1998 年 8 月於鄭州

目　錄

第一章

陳氏始祖歷史推源

　　陳家溝陳氏始祖陳卜，於明洪武五年（1372年）遷居河南懷慶府，至今已有六百餘年歷史。關於陳卜的歷史淵源，各執己見，眾說紛紜。到底他原籍在哪裡、家鄉在何處，一直是個未解的謎團。

　　據陳氏家譜記載：始祖陳公諱卜，於洪武五年於原籍山西省澤州府東土河村攜眷避遷洪洞。先是明元逐鹿取我中原時期，明太祖屢戰懷慶不下，定鼎後曾血洗懷慶，人煙幾乎絕滅，繼遷晉民填補。故我始祖在避遷中，又由洪洞被迫遷至沁陽東南三十里之野，結廬居也。

　　始祖為人忠厚，兼精拳藝，頗受時人所推崇，而以其名命其居處曰陳卜莊，住二年又全家遷居溫縣城東十里之常陽村。後因人丁繁衍，村名易為陳家溝（1976 年 12 月修）。

　　《太極拳圖畫講義》（陳鑫著）中有一段敘述道：我陳氏自陳國支流山左派，衍河南始於河內，

而卜居繼於蘇封定宅，明洪武七年（1374年）始祖諱卜，耕讀之餘，而以陰陽運轉周身者，教子孫以消化飲食之法理根太極，故名曰「太極拳」（中華民國二十二年四月初版）。

《陳氏太極拳匯宗》（陳照丕著）自序中有一段道：明洪武七年，余始祖卜，由山西洪洞縣大槐樹遷居河南溫縣常陽村。因我族生嗣繁衍，遂以陳家溝易名；西距城十里；背負一嶺，名為清風嶺。當時內匪匪類甚多，擾劫村民，官兵莫敢捕。余始祖以夙精太極拳，慨然奮起（中華民國二十四年十月初版）。

《陳氏世傳太極拳術》（陳子明著）自序中有一段道：自我九世祖王廷公創始太極拳術，下逮子明，已及八世，其間名手輩出（中華民國二十一年十二月三十日初版）。書中未曾提到始祖之詞。

在《太極拳源流考》中唐范生略提到陳卜，其意說陳卜不是太極拳創始人。創始人應該是陳王廷。

1986年年前，我在翻閱陳鑫著的《太極拳圖畫講義》（手抄本，中華民國五年八月中秋五日品三）時，看到自序中有一段「始祖陳公諱卜，山西晉城澤州郡東土河村」。

當時看過之後，我又細心地查閱了陳氏前輩的

所有資料，所述各有不同。有的說「澤州郡」，有的說「澤州府」；有的說「東土村」，有的說「東土河」；有的說陳卜時期人們就會練太極拳，有的說陳王廷創始太極拳。

此處先不論誰是創始人，且說看過陳鑫手抄稿之後，每當想起總是有點含糊，總想弄個究竟。由於工作忙碌，一晃數年已過。

1998年秋，我與閆素杰、張保忠、張豆豆四人前往山西調查。一路上翻山越嶺，穿溝爬坡，經過幾天的尋找，終於在第三天找到了東土河村。我們先找到村支書郭智慧先生，講明來意後，他對我們的工作非常支持。

他笑著說道：「走，我領你們去見一個人，他是我們村的老幹部，對歷朝歷代的歷史最清楚，我們村的人都叫他『活字典』。」

出了他家向東又向南，沒多久就來到了這位老幹部家，經過支書的介紹，知道他叫郭延祥。

老郭問我們是從哪裡來的，我們答：「河南陳家溝。」他一聽說陳家溝來人，笑著道：「陳家溝與土河村是一家人。」

我們接著就切入正題，問他：「你怎麼知道陳家溝與貴村有淵源呢？」老郭伸手拿起桌上的茶杯，喝了口水，道：「說來話長。」

　　老郭說，土溝村比較古老，在元代前村裡就幾百口人，後經歷代爭戰，人口愈來愈少。特別到了明洪武三年（1370年）之後，這一帶連年遭災，加上官府苛捐雜稅繁重，已是民不聊生。到了洪武五年（1372年）春，這村外出逃荒要飯者更不計其數。

　　老郭說，村中有一姓陳的老漢，他有三個兒子。有一天，老漢把三個兒子都叫到跟前說：「這個家你們是不能再待下去了，出外逃荒要飯也比咱們都餓死在一塊兒強。」三個兒子一聽便跪下哭著道：「爹，您年過六旬，應該是孩子們伺候您的時候了。我們怎能忍心自己逃命，扔下您不管？」陳老漢沉下臉道：「你大哥不走，留在家裡。老二、老三你們自個走。」

　　隨即陳老漢到屋裡拿出個鐵鍋，往地上一摔，然後用手一指道：「你們兄弟三人各執一片。若能活下去，日後你們兄弟見面時以鍋片為證。」後來聽村中老人們一代代傳下來說，老三在沁陽邘部，老二在常陽村（今陳家溝）。

　　我們又接著問道：「陳家在這村會不會練拳？」老郭道：「會。以前陳家還中過武舉呢，這人叫陳錦堂。不過遭荒年後就不練了。」談完後，老郭又領著我們到陳家祠堂舊址，找了幾個80歲

以上的老人給我們講陳家的歷史。他們和老郭講的都大同小異。

臨走時老郭又給我們說：「你們如果有時間，到晉城市找一找陳富元，他是陳家輩數長、年歲大的人，對陳家歷史知道的也多些。」我們聽後隨即驅車前往晉城。

趕到晉城，天已是下午了。我們找了個熟人，領著我們找到了陳富元先生。講明來意後，陳富元對我們說，由於以前連年戰亂，記載基本都丟光了，只是陳門長者代代傳說：土河村已有數百年的歷史，由於歷史的變遷，歲月流逝，家譜只能續到清末。前輩為了延續子孫萬代，陳家先祖曾為陳門啟用了「仲思自文玉、福廷雲金和、景作元風殿、毅假良貞洪」這20個字譜，作為子孫續排傳用。

我們問：「陳家溝與土河村姓陳的有啥關係沒有？」陳富元道：「據歷代傳說，明初戰亂剛剛平息，苛捐雜稅愈來愈重，又加上那幾年災荒不斷，家族中曾有不少人背井離鄉，攜兒帶女逃荒往河南去，後來傳說他們都在河南懷慶府邗邵、常陽落戶了。」我們又問他：「你們陳家知道河南有你們陳姓同門，為什麼都沒人去看看？」陳富元道：「以前沒有公路，太行山層巒疊嶂，數十里沒有人家，若沒人結伴同行，遇見狼蟲虎豹那定是有去無回，

誰敢去？不過，1965年2月初我們一行幾人去尋訪過。由於年代久遠，又缺少文字記載，一時難以搞清楚。不過他們都知道自己是晉城人。」

第二天，為了弄清澤州郡、澤州府，東土村、東土河的問題，我們又走訪了晉城市史志辦。他們說：「你們所查的資料歷史年代比較久遠，一時半刻搞不清楚，最好你們親自查。」

經過查閱，澤州名最早始於隋代，後經唐、宋、元、明、清、中華民國時期，略有變動。參考變動情況：隋開皇三年（583年）取消郡的制度，以州轄縣。高平郡改為澤州。

唐高祖武德元年（618年）廢長平郡置澤州。

唐高祖武德二年（619年）析丹川縣置晉城縣，晉城名由此始。

唐太宗貞觀元年（627年）澤州州治由端氏移至晉城。

唐玄宗天寶元年（742年）改澤州為高平郡。

宋高宗建炎二年，金太宗天會六年（1128年）改澤州為南澤州。

金海陵王天德三年（1151年）南澤州復改為澤州。

清世宗雍正六年（1728年）澤州改府。

中華民國三年（1914年）廢澤州府，改鳳台

縣為晉城縣。

1983年，晉城縣改為晉城市（縣級市）。

1985年，晉城市改為省轄市。

1996年晉城市郊區改為澤州縣。

晉城若干村名變異表正數第8行有：東土河村（原名東土蛾村），何時變異沒有記載。

晉城縣的基層行政區劃，明代以前無從詳考。明、清兩代均實行裡甲制度。清代以來的里甲制度有較為詳細的記載。《山西通誌》記載：清雍正六年（1728年）鳳台縣劃為170里，但未記載里甲的具體名稱。

清乾隆四十七年（1872年）版《鳳台縣誌》及清光緒八年（1882年）版《鳳台縣誌》對鄉里名稱均有詳盡記載。

清乾隆時，全縣劃分4鄉、20都、171里（後改為150里）。鄉轄都，都轄裡。城內設10坊。關邊設9鄉。4鄉中立南鄉，下轄26里、347莊，東土河村則在其中。

東土河村概況：東土河，全村284戶，887人，耕地面積1197畝。村內以陳、王、郭三姓為主。陳姓165戶，825人。村東西長0.8公里，居住在面南坐北的山窪裡。村內老街比較狹窄，但全是青石條鋪地，由於年代久遠，雨水沖刷，長年失修，

如今變得有些凹凸不平。古老房屋處處可見，保存完好。歷史古跡四處呈現，山青水綠，風光秀美。

村東頭，有兩棵老樹，一棵槐樹，一棵楊樹，數人環抱不能圍。由於年代久遠，兩棵樹螺旋形纏繞到一起，彎曲前伸，由路南到路北又漫圓下垂，遠遠看去好像是一座人工搭成的大寨門。歲月流逝，樹幹中空，人們常在樹下乘涼、避雨。

村西頭有座大廟，始於宋代，華麗精美。廟後緊靠青山，兩邊是溝，右邊叫圪里溝，左邊叫化角溝，溝內溪水流淌，長年不斷，嘩嘩的溪水聲，聞之清心悅耳。這座廟與之後想繼建立的晉城市廟及河南沁陽二仙廟，被後人稱之為姊妹廟。

望月壁，在廟的南邊，牆寬20餘公尺，高10餘公尺。影壁牆四周塑著四個彎腰神像，手執鐵鍊，個個齜牙咧嘴，人稱「四大天王」。中間塑了一頭大犀牛，更是精美別緻，在陽光的反射下，地面可以現出牛影，故後人把它叫作「犀牛望月」。

村南邊山頂有座「珍珠塔」，50多公尺高，始於唐代。這座塔修造得更加精美，雕樑畫棟，各種圖畫琳琅滿目，在陽光的照耀下，五彩繽紛，華麗誘人，讓人流連忘返。

村西南山腳下，在青石板上有3眼吃水井，開挖於明代，井深3公尺，水仍清澈見底。在沒有先

進工具的年代裡，石上開井絕非易事。這顯示了東土河村人民的堅毅和智慧。

村西南的大山上，半山腰孤零零地伸出一塊大青石（3公尺多長，2公尺多寬），遠遠望去像是一隻從山中向外爬出的烏龜，近看更是形象逼真。當地民謠道：「空騰龜天成，人誠龜更誠。踩踩龜身背，輩輩都富貴。踏踏龜脖頭，萬事不用愁。踩踩龜背腰，步步能升高。」

為弄清陳卜遷居陳家溝的歷史淵源，我曾去太原，下洪洞，三到晉城，三訪東土河村。調查所得，與陳鑫的《太極拳圖畫講義》中所述相符。陳家溝陳氏始祖陳卜，實屬東土河村人氏。因作俚歌，以志紀念。

歷代澤州多爭戰，元明時期人更慘。
苛捐雜稅繁且重，饑荒年裡遭蝗蟲。
日午灶旁無炊煙，草根樹皮把肚填。
陳卜攜眷逃洪洞，又遇移民徙懷慶。
為撥迷霧深山訪，澄清淵源志氣揚。
歲月如煙空逝去，彈指一揮數百年。

第二章

陳式太極拳
老架技擊十大勁論

一、意氣勁論

欲知太極拳的勁，須首先弄清意與氣。太極拳的意與氣在人體內是無聲無息的，既看不見也摸不著。一般說來，意即是心。然而仔細分析，心與意之間尚有區別，這就是心為意之主，意為心之副，心意密切相關。無論是行功練拳或推手，心動則意起，意起則氣隨。

總之，心意氣、是緊密關聯的有機整體。若練拳時不能平心靜氣，心意則散，意散氣則浮。反之，心靜則意堅，意堅則氣沉。

氣在人體中佔有極為重要的地位。人體內的氣不只是元氣，而是四氣的總稱。

首先是元氣，沒有元氣，其他三氣就無所依

存；

　　二是兩腎所生的真氣（即先天元氣）；

　　三是含有物質性並帶有磁感的外氣；

　　四是人食五穀經過脾胃的運化而生成的水穀精微之氣，即為後天之氣。

　　此四氣總稱為內氣，也就是練習太極拳所指的「丹田之氣」。

　　人們都知道，血是人體中最為寶貴的，然而血與氣相比，氣則更為寶貴。因為氣與血的關係是氣為主，血為副；氣為陽，血為陰；氣為衛，血為營。人的生命全在營衛。若有營無衛，就像一個國家只有內部的經濟建設，而國境上沒有武裝軍隊的保衛，就無法抵禦外來的侵侮。對身體來說，就易受外邪的入侵而染病。若有衛無營，就無法滋養身體。故衛為重，營為輕，血不足尚可暫存，氣不足則立危。

　　傳統的醫學觀點認為，氣為血之帥，氣行則血行，人體就會氣血調和，陰陽平衡，生機旺盛。

　　古代道家對丹田之氣十分珍視，稱「丹田」為煉製仙丹的丹爐，可見練習太極拳養丹田之氣極為重要。

　　練習太極拳以意行氣，以氣催形，形氣結合與練氣功是一脈相承的，只是方法上有區別而已。氣

功是靜中求動，練拳時行功、走架是動中求靜，透過以意導氣訓練形體與技擊，比專練靜中求動的靜氣功更為高級，所以說，練習太極拳可稱為高級活氣功。需要強調的是，無論是站樁，還是練習太極拳，在行功練氣中都要順其自然，合乎規律。只有這樣才能使氣血分佈周身，均勻連綿，做到練功後面不改色，氣不發喘，周身輕爽舒適，絕無急促勞頓之感。久而久之，必能充實血脈，協同外氣，促進人體發育、氣血經絡暢通和精氣津血之間的相互生化，潤澤臟腑和增強機體，抵禦外邪的侵入，確保人體的健康和生命力的旺盛，達到益壽延年的目的。

採氣練拳定要符合意氣之理。若有理無法，則氣不能豁然貫通周身；若有法無理，等於捨本逐末。所以初學者不可急躁，即使練習中遇到種種困難，也必須耐下心來，平心靜氣，遵循客觀規律，循序漸進。在開始就應樹立培養中氣及浩然之氣，不採橫氣之信念，練拳才能逐漸走入正道，拳技才會由低向高。

所謂中氣，是不偏不倚，無過無不及之意。氣源於陰陽二氣、先天元氣及萬物所化生的後天元氣。氣離不開意，意也離不開氣，它們是相輔相成的共同體。練拳時若心意有偏向，氣則有偏。所以

氣只有在意念平和適中的基礎上，才能達到不偏不倚，二者有機結合形成中氣。

中氣乃不偏不倚，不剛不柔，陰陽相當之正氣。至於浩然之氣，一般常人更難把握，其柔似棉花，硬似堅鋼，無堅不摧，四氣皆由五官百骸之中鼓盪於皮，此氣堅剛，屬於元氣，與中氣有區別，若得之，非下大工夫不可。

至於橫氣，乃血脈之中流通之氣。此氣也是練拳者由初級邁向高級階段的必經之路。

與人交手，全憑年輕，力氣勇猛，不講情理，凌壓於彼，多以力大偶爾僥倖取勝，這樣只能屈服彼身，而不能屈服彼心。若與行家搭手，使己突然感到進不能進，退不能退，渾身無力，猶如在圓石上站立不穩，隨時有欲跌倒之式。故曰，練拳應先循規蹈矩，沿其順逆，自然運行，久則四肢百骸自然靈應，意到氣隨。

拳論云：「以意行氣，務令沉著，乃能收斂入骨。以氣運身，務令順隨，才能便利從心。」總之，以意導氣，必須經過長期的意念及形體訓練，把氣變成有序化的、聽從指揮的、具體的活氣功動作，在技擊應用時，才能達到周身靈敏、心想意起、氣催形達的快速整體反應。瞭解太極拳的意與氣，是進一步理解太極拳的勁的基礎。

二、丹田勁論

「丹田」，是古時道家研煉內氣的「丹爐」，通常指臍下一寸三分處，道家早在唐末時就興起了養煉熱潮。及至兩宋，更加盛行。尤其從北宋宋神宗即位起，內丹術空前發展，其學說也日趨成熟，南宋的金丹派尤以修煉內丹成為有代表性的主要教派。而後南宋興起的全真道，又歷傳金、元時代經久不衰。

在長期的實踐中，人們不斷總結經驗，經過長期的反覆醞釀，終於發展至把吐納導引之術與養生健體、武術技擊、祛病延年結合起來。因吐納導引以丹田為主，故把丹田視為煉製靈丹妙藥的「丹爐」。太極拳創始以來，其宗旨也就是採用道家的丹田運轉，養固真元這一原理。後來根據這個觀點，把丹田（陰丹田）又分上丹、中丹和下丹，即頭部兩眉間為「上丹」，兩乳、心窩間為「中丹」，臍下一寸三分處為「下丹」。通常所說的「氣沉丹田」「意守丹田」即指此丹田，即下丹田。以上所講的是陰丹田。人們根據這三個丹田同在任脈（陰脈）上的緣故，又把背後與臍對稱的部位稱為陽丹田，因為它位於督脈（陽脈）上。

　　陰丹田的上丹田為經氣之道，中丹田為心氣之居，下丹田為三氣之所歸。下丹田居人體中心部位，這個範圍內有「關元穴」「氣海穴」等重要穴位，是任督二脈等經絡的彙聚處和歸宿點，又是男子藏精、女子養胎的處所，故人稱丹田為「性命之祖」「生氣之源」「五臟六腑之本」「十二經脈之根」。它是彙聚、儲存和運轉內氣的大本營，又是三氣升降出入之基地，所以無論是站樁採氣或行功練拳，對丹田之氣都不可不察。

　　採氣法是增強內氣運轉，動靜相兼的綜合練習方法。它把意與氣及各種技擊手法融為一體，做到煉中有養，養中有煉，並讓內氣反覆匯合回歸，養育於丹田之中，達到煉精化氣，煉氣化神，煉神還虛，覆命歸根之目的。只有這樣，丹田真氣才不至於耗散，日積月累，就能氣足神旺，形於外的丹田勁才能浩然完整，無論是彈抖勁、發勁、拿勁、順勁、逆勁等，都是丹田之氣形於外的跡象。故從這一點說，丹田氣也可以說「勁」。

　　氣足則勁力充沛，充沛則氣自浩然，浩然則無堅不摧。反言之，氣弱則勁不齊，不齊則鬆散無力，無力何能摧堅制敵！相對而言，氣為主，勁為副。總而言之，氣與勁，實乃一脈相承、不可分割的共同體。

煉精化氣，煉氣化神，覆命歸根，須把意與氣緊密結合起來，否則達到隨心所欲是不行的。應做到意氣相連，意氣相隨，這才是以意行氣與養丹存神的總要領。

意是指採氣和行功者的意念活動，它是大腦功能的體現，透過以意導氣的形體運動，將氣導入人體內的順逆運行軌道，對人體各部位生理機能產生良好的保健作用。

這裡所指的氣，是人體丹田的真氣（元氣），也包括呼吸來的外氣和水穀精微之氣，即後天之氣（內氣）。前面說過，氣和意是相互聯繫、相互依存、相互促進的。因氣是人類生命活動中的一種基本物質，又是經絡、臟腑、組織、器官進行生理活動的基礎，所以採氣行功鍛鍊的主要是氣，如不能逐步把丹田之氣調動起來，積累充實，循經運行，那麼練拳就成了空談。

練拳還必須注意練意，要做到周身自然放鬆，使經絡之氣順利暢通，氣血調和，意氣相隨，動靜相兼，剛柔相濟，輕沉兼備。這些都離不開意的引導，這就是意與氣的導引關係。

「丹田」，是三氣（腎氣、外氣、水穀精微之氣）所存之處，外氣、水穀精微之氣化生出後天之氣，與元氣共稱四氣，故「丹田」又是四氣出入

升降的大本營。先天腎氣即「先天元氣」，生於先天，養於後天，是由母胎所生。嬰兒經過母體十月懷胎，全靠母體內的氧氣和水穀精微之氣來維持生命和生長發育，始而無形，漸變有形，待至形體長大，五臟六腑等各器官發育成熟，腎氣隨之生成。精微之氣是由胎盤的豐富營養物質直接輸入嬰兒體內而產生的，未能與水穀食物和宇宙間的陰陽二氣相接觸，所以嬰兒此氣是天地宇宙混沌景象所生。腎氣是「先天元氣」，或曰真氣，是人的生命之源。人在日常生活中，先天元氣在不斷消耗，而需後天之氣不斷地補充，先天元氣才能保持充足，五臟六腑、肌膚、毛髮才能得到滋養和潤澤，才能保持人的生命機能。

所謂後天之氣，是嬰兒由混沌之境轉移到太極陰陽之界後，中斷了任督二脈的流通及營養的供應，開始吸清吐濁，自行攝取營養及新陳代謝，吸收各類營養，來填補先天，故稱「後元」或「後天」。欲知先天與後天元氣，需知精微之氣的來源。水穀精微之氣，來源於所食的五穀及各類食物之中。它是經由脾胃的消化吸收而來的，以其充實血脈，起著協同外氣，促進人體的發育、臟腑運行和經絡流通，營衛肌體，抵禦外邪入侵，以及促使精氣津血之間相互生化的作用。

　　所謂外氣，是產生於無序化的高能物質，含有靜電、生物磁及微粒子等。透過採氣法和套路的長期意念鍛鍊，能使無序化變為有序化，外氣的基礎是內氣，人沒有內氣就不可能有外氣。四氣在體內的形成是人的生命的本源，始終貫穿於周身，無處不達，不達則有病變。流貫於臟腑，則為臟腑之氣，如心氣、肺氣、脾氣、胃氣、腎氣、肝氣；流於經絡，則為經絡之氣；流於脈中與血共行，則為營氣；行於肌膚毫毛，則稱為衛氣等。

　　總之，站樁採氣或行功練拳，都不外乎培養後天，鞏固和充實先天，從而促使周身氣血鼓盪於皮，使封閉的任督二脈重新輪流，使大小周天暢通無阻，使無序化的外氣隨著意念在丹田內經由磁化後，協同三氣共同轉化成有序的聽從指揮的內氣，從而達到延年益壽及技擊應用之目的。

三、掤勁論

　　勁是長期演練太極拳產生的內勁形於外的一種勁別形式，也是在練拳第一階段煉精化氣的結果。

　　太極拳在演練時處處採用螺旋纏絲勁運動，走架時無論是順纏、逆纏、上纏、下纏、左纏、右纏、裡纏、外纏、平纏、立纏、正纏、側纏百般纏

繞，都是以腰為主宰的。在一動周身上下無不全動的原則之下，演練者在促使身肢放長的情況下，內氣由內向外鼓盪於皮所產生的一種彈性勁為掤勁。掤勁在練拳或推手中無所不在，無時不有。

掤勁在推手中的應用尤為重要，它在以腰脊為主宰的軸心作用下，左旋右轉，並採取螺旋纏絲式的弧線走化，在推手中運用表現於外的觸點為主掤點，主掤點是由內形於外來達到技擊之目的。這些都屬於掤勁的外在表現。

勁與放鬆、僵勁三者之間的關係，是練習太極拳和推手演練者必須弄懂的關鍵問題。掤勁又是練習推手的八門勁別之最，如果沒有掤勁，周身的其他勁別就無所依存，練拳和推手就會成為一句空話。

掤勁是建立在放鬆基礎上的，運動中只有周身關節、肌肉自然放鬆，由內形於外的掤勁才能自然暢通，鼓盪於皮。若鬆得不徹底，式必導致掤勁不足，這就是太極拳論中所說的「一分柔一分剛」的道理。但柔不能全然無力，無力則為丟勁，丟掉中氣就是「失掤」。只有在放鬆的前提下，中氣才能由內形於外，才能做到柔中寓剛。

此掤勁來源於內氣，日積月累，愈練愈足，是取之不盡、用之不竭、靈活多變的浩然之氣。僵勁

則是僵直、硬化、緊張、呆板之笨勁、拙力。它是在周身筋骨、肌肉僵直、緊張的情況下產生的一種外勁，氣易上浮，橫氣填胸。

橫氣乃血脈之氣，運動時轉關不靈，不易變化，易受制於人，純屬剛猛、繼續、陽多陰少的呆拙力。此勁猶如雨後窪水，有減無增，是不能採納之氣勁。望演練者在練習過程中逐漸體會，明辨丟與鬆、鬆與丟、掤與僵、僵與掤之間的辯證關係。只有明辨它們之間的關係，才不至於誤入歧途、走彎路，以致枉費工夫。正所謂：

十年苦功無邊際，辨識不清白費心。

勁路正確最重要，積功神力掃千鈞。

四、捋勁論

捋勁是在掤勁的基礎上形成的一種勁別。捋勁的形成和掤勁有著密切的關係，一般說來，先掤後捋，欲捋非先有掤勁不可。

捋時須以腰脊為軸心，透過兩腿的虛實變化，由襠勁的輔助來完成。至於捋的角度、方位、輕重，力的大小等種類甚多，在應用時須加注意，否則達不到預期的目的。

左捋、右捋、前捋、後捋、上捋、下捋、捋採、採拿、捋肩、捋肘、捋靠、捋坐（坐掌）、捋撞、捋甩、捋回、捋拌、捋鉤等，這些技擊用法都離不開先掤後捋。

但在微妙的變化中也常伴隨有驚彈之勁。故掤捋兼用，其目的是在捋的前提下，使彼重心遭到破壞失重後，我使用彈抖勁進擊比較便利，這裡掤捋勁和彈抖勁是相輔相成的有機結合。

具體用法，這裡可舉一例說明：

如第一路中的「懶紮衣」一式，定式後其重心是右七左三，右臂開中寓合，左臂合中寓開，左手插於左腰間，然後鬆右胯身體右轉，同時左手由左向右與右手構成捋狀。繼而鬆左胯，腰勁下塌，扭腰旋背，左手抓住敵左手由外向內旋轉，使彼左臂有被動之感。

右手搭於敵左大臂，再向左移動重心，在扭腰旋背擰襠的前提下，身向左轉，雙手隨之向身體左側偏左下捋出，並可漸捋漸採，又可復捌，使對方只有招架之功，沒有還手之力，豈不妙哉！

但在捋的過程中，手切莫自貼己身，肘不能貼肋，否則在運用中則失掉掤勁，若彼反擊時則自身轉關不靈。在練習中只有舉一反三，觸類旁通，才能逐漸領悟捋勁在各招式中的奧妙。

五、擠勁論

　　所謂擠，是指占位性進擊，使敵失去重心和有利位置，常有順彼勁之意。擠勁在活步推手中運用更為方便，如人将我右臂，我即一臂隨之向前伸展，左手搭於右大臂中節，掌心向外，在腰襠的配合下，沉肩墜肘，順纏豎掌，然後一起向對方身體擠擊。

　　擠勁是太極拳推手的八大勁之一。在運用擠勁時，有背靠之意，若彼在将的過程中沒有過激行為，即沒有失重現象，我可有備隨之。在向前擠進時，頂勁要領起，精神要貫注，含胸塌腰，襠須開中寓合，擠不可過與不及。過，就會出界失重，會被對方所牽動；不及，若在擠的過程中因失界受制，彼反擊則無法補救。所以，在舉手投足時要觀察明白，探清虛實，欲進時出手先占巧地。要做到彼将我則隨之，擠時腳欲進，上自領之，且中部應之，上下合之。總之，一進無有不進，一退無有不退，一靜百骸聽令。做到擠進有方，後退有餘，才能在推手中立於不敗之地。

　　要想在推手中充分發揮擠勁作用，演練者必須在實踐中多多體會開中寓合，合中寓開，中正不

偏，無過無不及之理論原則，並且在理論和實踐的結合中去認真領悟。

六、按勁論

以單手或雙手向對方兩臂或上體任何一個部位前推或下按，均為按勁。按勁無論在定步或活步（順步）推手中運用都較為廣泛。

按勁有長短之別，發按勁要區別對象，因人而異。在推手中，對於體重較輕、重心較穩固的人，就適於用長勁；若用短勁進攻最易失重，因彼體輕根穩，變化靈敏，所以應先以長勁逼進，遊鬥探聽彼動，待彼略有被動時，速發短勁取之。對於體重較輕、功夫較差、底盤不穩者，即可採取手指先按，然後以掌後根發勁，以疾速短勁取勝為合適。

但在用按勁時，須頂勁領起，精神貫注，含胸塌腰，襠催身進。故有發勁打人如接吻之稱，周身一家方可按之有力。無論單手或雙手按都須胸含、氣沉、束肋、張背，做到落點清晰，在發勁時身體前後須對拉，才不至於在發勁時因身體前俯後仰而失重。

在按勁中手法變換要與呼吸相配合，這是發按勁的關鍵。如在順步推手中，甲方由挒復按時，右

手外側輕靈地將乙方右手按至乙方左臂處，然後左手外側按至乙方左臂肘關節處，使乙方右臂成90°角時，甲方沉步催身進，雙手由兩掌外沿按勁變雙掌內合。同時在呼氣翻掌坐腕的一瞬間，身、步、手一起向對方發擊，這樣即可達到按勁的完整無缺，使整個動作一氣呵成。

七、採勁論

採勁是建立在捋勁基礎上的一種勁別，指的是採拿兩臂關節活絡處的各個部位。如一手刁拿對方腕部，另一手置於其肘關節處，雙手合勁向下沉採，或採或拿等。一般說來，捋、採、挒三者是相輔相成的。待採和捋手法結合應用時，它們的運動方向是一致的。

採和挒勁卻是恰恰相反的。採是建立在捋的基礎上，在捋的過程中側向採去，使對方重心偏於一方，隨著身體旋轉防守不及而趴地。

直採是搭在肘關節處，以掌根採之。寸採的過程中，在含胸塌腰、沉肩墜肘、扭腰旋背的前提下，掌根直向下發短採（寸採勁），最易使對方趴於地下。我仍屈身下蹲，立身中正，氣歸丹田，目視前下方。

　　總之，在採的過程中，須以意念為主，並且腰、襠、腿、呼吸都必須相應配合得當，才能採得剛猛迅速。這些捋加採，採加捌，是相互並用，綜合運用的。在運用時要靈活機動，能捋則捋，不能捋則採，不能採則捌，翻變連環，以不能讓彼跑掉為原則。陰陽變幻，翻變連環，招招相銜，運用自如，實非容易之事。只有經過反覆實踐才能聽出對方勁路變化，並在得機得勢的情況下，方可出手運用，其中萬千技法都是在實踐中所得。正所謂：

　　千變萬化招中來，細心揣摩在其間。
　　若不領悟勁中妙，再練也是枉徒勞。

八、捌勁論

　　捌勁是根據捋與合的慣性原理，在捋採的基礎上，勁路由順勁變橫勁而形成的勁別。捌勁有反關節之意。如在順步、大捋或捋採的過程中，彼身體則自然向一側傾斜擠向我身，在彼傾斜的一瞬間，對方本能地自然反應必是肘部上翻，這正合了欲下先上之理。

　　此時採勁正好與彼肘勁相對，所以捋採皆落空失去效應，但應注意的是在彼臂上翻時，有發擊下

前栽肘之機可乘。在此千鈞一髮的緊急時刻，我應隨著彼的擠勁重心後移，身體略側轉，在側轉中急速改變勁路，以小臂向前發擊挒勁。在一肘向前挒擊時，另一手正好向內旋轉，這兩股勁正好反方向錯開，一挒即中。

挒勁有內挒、外挒、帶挒、採挒等，使用挒勁需要周身相隨，內外合一，勁宜短不宜長。但勁也不可過大，否則初練者不知掌握分寸容易誤傷他人。在初練挒勁時，可先點到為止。只有在實踐中反覆演練手法，待在四隅手的練習過程中，對各種出手分寸能夠準確地把握時，隨著身法或採或挒，或擒或放，才能做到心感神知，氣勁運走恰到好處。此時在演練過程中既能達到技擊應用之目的，又不至於出現傷害對方的事故。

九、肘勁論

肘勁是小臂內屈時，肘四周的部位所發出的勁。肘的發擊方法較多，基本肘法有腰攔肘、順攔肘、穿心肘、上挑肘、下採肘、掛肘、立肘、雙開肘、雙扣肘等。

運用肘法在距離上力求近而有力，在發擊前需要與對方近距離接觸，一般是一腳插入對方襠內或

身後，最少得過半（腳最少超過對方身體一半）。上步欲發時，吸氣，精神貫注，含胸塌腰，雙腳蹬地，扭腰旋背，在襠催身進的前提下發肘勁。但在打上挑肘時，以命門肚臍為界，身體上下形成對拉之勢，發擊力點比較清晰，同時，也不至於發勁猛烈引起拔根。

肘勁有寬面窄面之分，寬面不易傷人；窄面易傷人，一般不可隨意亂用。腰攔肘和立肘、順攔肘屬寬面；上挑肘、穿心肘、雙開肘、雙扣肘、下採肘屬窄面。如對方按我右臂貼於胸前，我即內氣下行，含胸塌腰，吸氣，同時我右臂向右側引，將對方按勁化空。繼而微向左側身上步，速用左手搭於對方後背向懷中速帶，與此同時呼氣，併發擊腰攔肘。此時帶對方於懷中，彼必本能地速向後回身，在對方回身後仰時，也正是我發擊右肘之時。兩股勁合成一順勁，一快一慢，我以己之快催彼之慢，我蓄勁既足，發勁又剛猛，彼何能不被飛擲而出！這非一般功夫所能做到，非下大工夫不可。這種擊法也只是在一驚一閃、一呼一吸、一合一開的瞬間，即能發人丈外。

總之，該法離不開轉身彈抖，步健手快，只不過旋轉彈抖圈小而已。這就是拳論中所講的，由大圈而中圈，由中圈而小圈，由小圈漸小漸微，這時

蓄勁抖彈無形無跡，發擊距離短小，精微巧妙。所以，練習太極拳向極小極微，近乎無圈功夫攀登，方為上乘。

那時發勁陰不離陽，陽不離陰，開即是合，合即是開，無形無跡，使對手飛擲而出如在夢中，不知我如何出手發勁，更無法招架還手。這才算是人不知我，我獨知人，所向無敵的上乘功夫。

十、靠勁論

凡肩的四周在任何角度發出的勁均為靠勁。所謂靠，就是以肩的四周發擊對方。靠的威力較大，帶有驚閃性，發擊時與對方的距離比肘勁更快更近些才為適宜。靠的發擊方法較多，有側肩靠、迎門靠、胸靠、背折靠、七寸靠、雙背靠等。靠勁無論是在四正手或四隅手推手中，運用都比較多。除七寸靠、迎門靠、雙背靠外，其餘都是建立在捋和驚閃基礎上的。

如迎門靠，在雙手挽花的基礎上，在雙手上下挽花的旋轉中，要巧妙地變換手法。兩手虎口卡住對方雙手腕往下按，繼而向兩側分開，在兩手分開的同時，重心速後移，隨即一腿前插，接著以肩側向對方胸前靠擊。但必須做到兩手將對方雙手分開

的同時，重心後移，然後腳步前插、靠擊，這些動作皆需要同時完成。就是說，兩手分開與撤步、進步、靠擊，均須同時到位。

再如側肩靠，側肩靠的應用是建立在将的基礎上的，對方若用右拳向我正面擊來，我則用右手先接而後将之。在向上将的同時，隨即左手搭於對方右大臂外側，繼而不停地向我右上方将，速度要快（含有驚帶之法），迫使對方身體向其左側傾斜。此時彼右肋則自然張開，我速上步插於對方襠內，肩向彼肋處擊之，此用法非快不可。要把握好驚閃、插步、将帶、發靠，瞬間連續完成，引與擊的動作以不超過一秒為妙。否則，待對方穩定好重心，再去發擊，則有頂勁含於其中，效果自然不佳。故發靠勁，其速度如閃電。

此處列舉二例，望演練者認真研磨練習，在實踐中尋求奧妙。

第三章

陳式太極拳練習前
的準備活動

　　練拳前為了使肌肉、筋腱鬆弛，周身關節鬆開，肺臟舒展，血脈通暢，可先做系統的基本功活動，由頭至腳，按順序放鬆。

　　在感覺精神充沛，精神內斂，心平氣和，全身真正做到放鬆時再開始演練。

一、腳的活動方法

　　兩腳踏地，與肩同寬，重心移至一腿，另一腿則屈膝下蹲，腳五趾輕輕抓地。待重心完全穩固好後，另一腿提起，以腳尖點地，先順纏，慢慢旋轉15～20次，再逆纏，反轉15～20次後，腳趾和腳掌以及踝關節將會全部得到放鬆。然後重心再移至另一條腿，其旋轉方向、次數皆同。

二、膝的活動方法

膝的活動是建立在腳的活動的基礎之上的。提腳、開步都和腳的活動方法相同。如果把腳的準備活動稱為第一動，由下向上延伸到膝便為第二動，之後各式演練步法皆同第一式。

雙腿屈膝下蹲，身體前傾，同時雙手前上搭在雙膝蓋上，輕握膝蓋，這樣既能增加雙膝的活動量，雙手又能在雙膝旋轉中起到一定的保護作用。

待欲做各式時，雙腳微抓地，使湧泉空虛，雙膝先順纏15～20次，然後逆纏15～20次即可。

三、胯的活動方法

雙膝活動完畢之後，身體逐漸豎起，雙手向身體兩側叉腰，拇指向前，其餘四指在後，以食指、中指、無名指為力點掐住命門兩側，進行胯部旋轉。

胯的旋轉應包括臀部在內，旋轉次數也是正反各15～20次。

四、腰部活動方法

接胯部活動，腰向下彎，頭向下低，雙臂自然鬆弛下垂，再徐徐向左旋轉，身體慢慢直起變成後仰之式。同時雙手隨著向左旋轉，漸漸豎於身體正上方，指尖向上，雙掌心向外。

在這一瞬間的轉換過程之後，身體繼續右轉，右手由上而下，隨著身體繼續向右，然後側向下俯時，右手向下再向右後。在右手向下的同時，左手略上升，繼而順纏向下變掌心向左（低身法掌心向上，手緊貼地面）。

向左後由下向上斜穿，在左手向下欲穿時右手由下向上，左手由下向左後穿時，右手由上而下，右手再向上成單手上豎，掌心向前時，左手下落於左腿外側，右手再向右後下落時，左手由下向上，變單手上豎於正前方。

換言之，就是雙手在鬆腰旋轉中，兩手隨之一上一下跟著旋轉，左右旋轉兼練，週而復始。這樣的練習方法，可根據自身條件來調整身法和運動量。這種大幅度的旋轉，不僅對腰部有較好的效果，而且對胸腹部也是極好的鬆弛手段。

五、胸腹活動方法

胸腹的活動方法，也叫擴胸法，又叫扭轉法。具體的演練方法是：兩手上抬與胸平，以右手輕抓住左手腕部，如向左轉，先鬆左胯，身體左轉。旋轉幅度可先小，漸而大，待長期演練胸肌放長後，旋轉可達270°，左右兼練。

旋轉時呼氣，待欲向另一端旋轉時吸氣。換言之，旋轉外開時呼氣，欲開時吸氣，繼而再呼。

六、肩部活動方法

肩部活動比較簡單。兩肩自然下垂，如先活動右臂，先將重心移至左腿，同時左手叉於腰間，將右肩、肘以及腕部和手指關節全部鬆開，由下向上立圓旋轉360°，正反旋轉，週而復始。左右兩側兼練15～20次即可。

七、頸部活動方法

在欲動時，周身放鬆，兩膝微屈，兩胯鬆開，兩腳五趾輕輕抓地，使身體求得中正穩固。繼而頭

開始順纏扭轉15～20次，然後再逆纏扭轉15～20次即可。

八、頭部活動方法

兩腿平行站立，鬆胯、屈膝、沉肩、塌腰，兩手在雙腿兩側自然下垂，兩手中指輕貼兩邊褲縫，眼視正前。

繼而頭慢慢向下低，待低到所需位置時，漸漸向左旋轉，再仰面向後，向右向下旋轉360°。在旋轉運動中，無論先向哪個方向旋轉，眼必須隨著轉動而巡視左右。

頭擺動的度數可先小，漸而大。

九、肘腕活動方法

兩腳平行站立，重心移於一腿，虛腿一側屈臂上抬，以拇指和食指輕貼肋處，漸而肘向前，再向下，向後再向上劃弧360°，在肘劃弧時，手指順著肋處折腕劃圓。

左右兩側兼練，皆可達到活肘鬆腕之目的。

十、筋肌放長活動方法

在以上九動系列活動中，基本上達到了周身各個局部內外的放鬆，但對身體前後來講，還有美中不足之處。

第十動是專門練習胸腹肌、後腿筋肌，以及腰脊放長的一個重要環節。

1. 雙手叉腰，拇指在前，其餘四指在後，身體後仰，在後仰時胸腹肌肉不能緊張，只有鬆弛下來，才能達到放鬆和肌肉拉長之目的。在後仰時，要做到頭向兩側輕微擺動，促使頸部和面部的肌肉放鬆。

2. 十指交叉向體前外翻，雙掌心向前，使十指形成外折，胸腹內含，背外翻，使雙掌和背部形成對拉之勢。然後雙臂回收到腹前，掌心向下，隨著俯身彎腰雙手下按，下按時雙膝不能向前屈曲，才能促使雙腿後筋和腰脊放長。始而高，漸而低，直到雙手按地止。然後再略收起，向兩腳外側各下按15～20次即可，最後將雙臂和雙腿做幾次彈抖放鬆即可開式。

第四章

陳式太極拳練習後的
整理活動

一、緩緩散步求平靜

一些初學練拳的人練過拳後就蹲在地上或坐下休息，特別是練過老架二路後滿頭大汗，就用冷水洗浴，這種做法極為不妥。

近年來隨著科技的發展，特別是許多生理學家對中樞神經的研究，使我們進一步認識了中樞神經系統對人體的重要性。

我們知道，神經系統尤其是高級神經系統，是調節與支配所有系統與器官活動的樞紐。

演練時大腦始終處於緊張活動中，間接地也提高了中樞神經系統的緊張度，其他系統與器官的機能活動，也都處於興奮狀態，全身骨骼肌的收縮與舒張也均未平靜。所以練完拳後做些緩慢散步，

可使各部位生理活動逐漸緩和，逐步恢復正常狀態後，再坐下休息為好。

二、保護皮膚達靈敏

　　練拳時人體所產生的熱量，都是經由周身的皮膚來散去的。相對來講，四肢散熱量較大。皮膚不僅可保護身體內部的組織和由出汗調節體溫，而且皮膚上遍佈著刺激感、溫度感、觸覺感等感覺神經末梢。

　　皮膚這個感覺器官，尤其觸覺器官同其他感覺器官一樣，使人體對外來的刺激隨時能夠做出反應，並具有防禦反射機能，總之，皮膚與整個機體是有密切聯繫的。所以在剛練完拳時，由於周身毛細血管擴張，大量的熱量由皮膚毛孔向外散發，此時用冷水洗浴是不科學的。

　　嚴重時會使毛細血管堵塞、停滯、起雞皮疙瘩，這樣必然會引起皮膚感覺不靈敏。

　　演練者最好在練拳後稍事休息再洗浴。

第五章

陳式太極拳老架
一路俚語圖解

一、陳式太極拳老架一路動作名稱

第 一 式	預備式	第 十五 式	掩手肱拳
第 二 式	太極起式	第 十六 式	金剛搗碓
第 三 式	金剛搗碓	第 十七 式	撇身拳
第 四 式	懶紮衣	第 十八 式	青龍出水
第 五 式	六封四閉	第 十九 式	雙推手
第 六 式	單鞭	第 二十 式	肘底看拳
第 七 式	金剛搗碓	第二十一式	倒捲肱
第 八 式	白鶴亮翅	第二十二式	白鶴亮翅
第 九 式	斜行	第二十三式	斜行
第 十 式	摟膝	第二十四式	閃通背
第十一式	拗步	第二十五式	掩手肱拳
第十二式	斜行	第二十六式	六封四閉
第十三式	摟膝	第二十七式	單鞭
第十四式	拗步	第二十八式	雲手

二、陳式太極拳老架一路俚語
及技擊分解動作名稱

第 一 式	預備式	第二十二式	踢二起
第 二 式	太極起式	第二十三式	護心拳
第 三 式	金剛搗碓	第二十四式	旋風腳
第 四 式	懶紮衣	第二十五式	右蹬一跟
第 五 式	六封四閉	第二十六式	小擒打
第 六 式	單鞭	第二十七式	抱頭推山
第 七 式	白鶴亮翅	第二十八式	前招
第 八 式	斜行	第二十九式	後招
第 九 式	摟膝拗步	第 三十 式	野馬分鬃
第 十 式	掩手肱拳	第三十一式	玉女穿梭
第十一式	撇身捶	第三十二式	擺腳跌叉
第十二式	青龍出水	第三十三式	左右金雞獨立
第十三式	雙推手	第三十四式	十字腳
第十四式	肘底看拳	第三十五式	指襠捶
第十五式	倒捲肘	第三十六式	猿猴探果
第十六式	閃通背	第三十七式	雀地龍
第十七式	雲手	第三十八式	上步七星
第十八式	高探馬	第三十九式	下步跨虎
第十九式	左右擦腳	第 四十 式	雙擺蓮
第二十式	左蹬一跟	第四十一式	當頭炮
第二十一式	擊地捶	第四十二式	收式

三、陳式太極拳老架一路
技擊動作俚語圖解

　　俚語大部分是用七字組成的，每個動作由始到終，以七字俚語來貫穿著整個動作、運動路線和技擊的變化。從對方招式變化中如何應招，再次擊敗對方的技擊變化過程，都寫得十分明白。這對具有一定太極拳基礎的讀者，是一個極好的交流機會。為便於初學者閱讀，明辨其理，每式俚語後邊都加有簡單的注釋，讀者可根據自己的水準閱讀、研用。本書動作示範插圖，由長子王占海和徒弟張保忠演練。穿淺色衣服者為主，穿深色衣服者為副，單人單式訓練法由長子王占海示範。

　　陳式太極拳老架一路圖解中的預備式方向定為面北背南，左西右東。這是根據練習太極拳的陰陽變幻理論和前人重帝像的習俗所定的，待練習熟練後，可根據場地情況任選方向。

第一式　預備式

　　雙目閉合無思念，全身置於宇宙間。
　　周身放鬆氣沉丹，入丹閉爐稍加煉。
　　先天任督暢無阻，後天封閉不再開。

煉精化氣為之本，煉氣化神為之根。
煉神還虛為之終，久練不懈自然通。
含胸束肋膝微屈，垂肩墜肘自然鬆。
雖然站立猶未動，浩氣騰然注我身。
欲動意先再出手，一人猶入萬人中。

●注釋●打拳上場要平心
靜氣，先雙目閉合，聚精會
神，將周身置於宇宙，久之自
然能入混沌之境（圖4-1）。

圖4-1

第二式　太極起式

立正姿式身端嚴，二目平視望正前。
頂勁領起中峰懸，脖要豎直不可偏。
雙臂鬆沉手下垂，含胸塌腰氣沉丹。
徐徐吸氣胸內含，靜中猶動通三關。
屈膝重心向右移，左腿隨之向上提。
上提帶有撞擊意，不擊腳尖漸落地。
著地與肩相同寬，清升百會濁降泉。

圖4-2　　　　　　　　　　　圖4-3

　　●**注釋**●欲動時先吸氣，隨著意念將氣由湧泉
提起，由腿後而上，經任督二脈，越過三關（*尾宮
關、夾脊關、玉枕關*）達百會，然後下行入上丹，
經任始督端之融匯，吞氣隨津液而下入中丹。再由
中丹入下丹，由下丹順兩腿內側下行至湧泉為大周
天，即使泄不到湧泉，也得泄至丹田，繼而再開始
運動。起式時頂勁須領起，胸內含，腰下塌，肋下
束，右腳五趾抓地，湧泉穴要空，右獨立步才能穩
固。左腿上提，鬆胯屈膝，腳脖鬆而垂，周身默契
配合（圖4-2）。下落時與肩同寬，漸而踏平（圖
4-3）。

第三式　金剛搗碓

　　慢慢吸氣臂上抬，雙臂同起平與肩。

身體對拉腰為界，命門肚臍皆合拍。
曲膝鬆胯雙手按，逆式呼吸勁達腕。
內氣鼓盪須自然，吸清吐濁元微貫。
雙手下按兩胯前，先左後右轉一圈。
若人抓住我雙腕，旋轉解脫化雲煙。
右移重心穩健輕，雙手隨之向左掤。
周身上下臍為界，暗移重心弧下旋。
身手俱下精神貫，左上右下擊胸前。
完整一氣如雷電，發擊對拉掌外翻。
重心左移身右轉，迎面擊來流星拳。
右掤左捋壓下去，提起左腳踹右膝。
放過此招無所謂，左腳落地反折回。
若遇頑敵又來侵，右捋左繞齊並進。
鬆腹含胸氣上運，折斷腕骨挫傷筋。
解脫撩陰不用捶，掌撩比捶妙十分。
弧線鉤拳擊下顎，收腹提膝專擊陰。
含胸收腹真氣聚，落腳踩碎腳骨肌。
左重實而則為虛，右重實而則為渺。
肩肘胯靠皆能變，閃驚巧取一瞬間。
招法變化玄又玄，初練猶臨萬重山。
勸君勤學苦研練，世上無高不可攀。

起式之後，雙手上抬時吸氣，鬆肩，沉肘，屈

圖4-4　　　　　圖4-5　　　　　圖4-6

腕上提與肩平（圖4-4）。

　　●注釋●接上式，雙手下按呼氣，在下按的同時周身隨之屈膝下蹲，雙手下行按到兩胯前止（圖4-5）。

　　接上式，如彼從正面抓住我雙腕（圖4-6），我則雙腕內收，然後隨著腰胯的螺旋轉動，先左後右向體前劃平圓，注意雙手劃弧到180°時，兩手腕由左裡向右外折腕，隨即揚指，便順利解脫（圖4-7）。

　　接上式，鬆左胯，雙手左上右下一齊向外發捯蓋勁於彼胸腹處

圖4-7

圖4-8　　　　　　　　圖4-9

（圖4-8）。

　　根據套路招式所需，在具體運用時皆可靈活掌握，如彼從我左側進攻，我則轉身先用右手向上掤引，繼而復捋，在捋的同時，左腳可向左橫跨，後重心左移，在移重心的同時，雙手隨著由捋變左下右上，隨即向彼胸腹發力。

　　接上式，如敵從正面擊我，我則速向右轉體，並以右手接住彼小臂，漸而搭其腕部，拇指在下，其餘四指蓋於彼手背，協同左手抓其小臂下合，與右手拿腕為一勁，合拿之（圖4-9）。

　　再如，接手後如彼順式向我擠之，我則速向後撤右腳，左手向上，協同右手捋之，或採之或挒之，皆可取勝。

　　接上式，接手後重心右移，如不拿彼，則向右後捋，在捋的同時，右腿鬆胯，屈膝下蹲，五趾輕

圖4-10

圖4-11

輕抓地，穩固好重心，左腿內合，側向提起，發裡撞膝（圖4-10）。

接上式，左腳向對方膝關節上下處斜下踹之。但注意下踹時，要求勁短，速快，完整為宜（圖4-11）。

接上式，左腿如不發側踹腳，則可向前鏟出，落地時以腳後跟內側先著地，我以左腳插於彼右腿後，重心左移，雙手在隨著移重心的同時，鬆左胯，身體左轉，向左側發反折勁（圖4-12）。

接上式，我發反折勁，如彼頑抗，我則再快速將彼右臂向

圖4-12

圖4-13　　　　　　　圖4-14

我右側帶，繼而不停地以我左臂向彼右臂纏繞，使其肘受到控制而不能自由活動，然後左手協同右手一齊合拿其腕部（圖4-13）。

接上式，我以左手前掤，右手隨右腿欲將前上，如有人從我身後抓住我右手腕，我則以順、逆、順纏，螺旋劃弧向外折腕旋轉，則能自然解脫（圖4-14）。

接上式，右手解脫畢，重心前移，左手隨小臂向前平掤，漸而向上，在左的同時，右腳蹬地前上，右手隨右腿前上，以掌心向彼襠內發撩陰掌（圖4-15）。

圖4-15

接上式，左變下落，置於小腹前，掌心朝上。在左手下落的

圖4-16　　　　　　　　　　圖4-17

同時，右掌變拳弧線向上發裡鉤拳。右腿在含胸收腹的情況下，鬆胯屈膝上撞。然後，左手下落，正好是右拳上衝擊下頜、提膝撞襠同時到達之時（圖4-16）。

接上式，右拳上擊，右膝上撞之後，右拳下落於左掌心內，右腳向下直踩，與右拳同時到達。但要注意下踩腳時，腳五趾微屈，使腳落地時，與地面接觸後形成一定的反彈力，即使震腳聲響如雷，久練也不至於腳膝受傷（圖4-17）。

金剛搗碓有堅硬、百煉成鋼、無堅不摧之意。右手握拳形似杵，左手微屈形似臼，取其堅剛、沉重之意，兩手收在一起，以護其心。

正如俚語所云：

金剛搗碓欲精神，上下四旁寓屈伸。

變化無窮襠未發，渾然太極備吾身。

一身無事養太和，錦綢花團簇簇多。
天上金剛攜玉杵，善降人間大妖魔。
不是金剛降魔杵，妖魔鬼怪誰敢阻。
大開大合歸無跡，美大聖神方可許。
外保君王內保身，全憑太極真精神。
此中甘苦都閱遍，不愧當今絕妙人。
先左後右不為奇，一動一靜似圍棋。
圍到山窮水盡處，突然一式判雌雄。

第四式　懶紮衣

懶腰紮衣速度快，亭亭玉立到陣前。
突然迎面人近前，兩臂前伸入我懷。
抓我雙腕似鐵鉗，扭腰旋臂向左開。
雙手穿掌往上翻，解脫完畢豎胸前。
勸君莫要再侵犯，我這兩扇門未開。
此招送客大門外，左下右上兩側翻。
左斬氣達外掌沿，右臂外開人仰翻。
插襠引進托上肩，暗移重心向右旋。
近用肩肘向外開，遠用劈掌勝似鞭。

●注釋●接上式金剛搗碓，如有人從正面抓住
我雙腕，我即鬆左襠，身體左轉，在左轉的同時，
右拳變掌，雙掌同時向身體左側，繼而再向上穿掌

圖4-18　　　　　　　　　圖4-19

劃弧180°，皆能解脫（圖4-18）。

　　接上式，雙手左下右上，如有人先從左側擊我，我則左手斜下直斬（圖4-19）。

　　接上式，如右側來敵攻我，可視敵遠近而定攻防戰術。若近，我則速提起右腳向右側先跨半步，插於彼襠內，繼而右掌逆纏領勁，以右大臂向右側發擊。但要注意，右臂向外開時，右腿先外擺，繼而膝內扣，與右開上下形成上開下合之式，使彼被擊後不易逃脫（圖4-20）。

　　接上式，如我右臂向外發擊時，彼按住我臂向我回推，此時我即可順其式而順纏向下引之，繼而

圖4-20

圖4-21　　　　　　　　圖4-22

上引，在引進落空的同時，我右腳提起，再次急速外跨，鬆右襠，身體右轉，左腳內側蹬地，重心右移，在轉身移重心的一瞬間，右手翻掌變逆纏，協助右肩一齊向右側發肩靠擊之（圖4-21）。

　　接上式，循序向外開擊，近則用肩，遠則用肘（圖4-22）。或用掌劈之（圖4-23）。但注意向外開擊時，一定和撐襠、扭腰、旋臂默契配合，外開時勁才能順達、有力。

　　古代人們都是穿著比較長大的衣服，上陣打仗十分不利，懶紮衣，是形容左手攔著衣服紮於腰間之意，故四指叉開在

圖4-23

前，拇指在後，以掌向下叉住腰，左手屬陽，屈肘為陰，是所謂陰中藏陽。

右手從左向右，自下而上徐徐而發，以腰催肩，以肩催肘，以肘催手，待手走到九分而止，內勁鬆而沉，不前不後由中而行，勁達中指肚，繼而達其餘手指。

此勁是由中而起，越乳過腋，入肩和胳膊內骨中，再由骨髓充肌膚毫毛，徐徐運行。漸漸下塌，繼而做到內外三合。同時襠做到開中寓合，合中寓開，開襠貴圓，支撐八面為準則。

正如陳鑫俚語所云：

世人不識懶紮衣，左屈右伸抖虎威。

伸中寓屈何人曉，屈中寓伸識者稀。

襠中分峙如劍閣，頭上中峰是璇璣。

千變萬化由我運，下體兩足定根基。

第五式　六封四閉

右掤左搭重心移，以臍為界上下分。

雙手變成大捋勢，沉肩束肋身下蹲。

右腳蹬地左胯鬆，精氣聚集有奇功。

沉肩墜肘掌下切，左手內旋於懷中。

欲動重心身右轉，捌採大捋真英勇。

只挒不採枉費功，挒採不妥彼能攻。

要想制敵三並進，機關全憑右腿驚。

周身上下齊並進，沾黏連隨好神功。

敵站圓石身無主，進退維谷窮應付。

意敏手狠莫遲鈍，放過此招不復歸。

中氣充足精神抖，春曉驚夢見英雄。

有始有恆必有終，無恒無終一場空。

三暑晝夜俱珍惜，三九揮汗如三伏。

三面真氣丹爐煉，全憑三伏三九天。

精氣浩蕩周身流，登峰造極顯神通。

大挒將終不停留，周身處處皆放鬆。

雙手外擺與肩平，左膝外擺緊隨跟。

欲右鬆襠皆下沉，左腳蹬地緊跟隨。

跟腳後擺含擊意，力點即在腳後跟。

沉肩墜肘雙手按，豎掌直立右側前。

為何雙掌不齊進，內含機關別有因。

左四右六緊合閉，左逆右順勁達根。

●注釋●接上式，懶紮衣之後，鬆右胯，身體右轉，重心繼續右移，在右移重心的同時，右手變掌掌心向外，左手由左向右上，掌心向右，與右手構成欲挒之式。但要注意的是，左手位於前上方時，周身以腰為界，上下形成對拉之式，眼視右前

圖4-24　　　　　　　　　　圖4-25

方（圖4-24）。

　　接上式，遠捋，左手逆纏向下，右掌以掌外沿為著力點，一齊向身體左側外捋擊。注意左捋時，鬆左胯給右胯，含胸、束肋、沉肩墜肘、扭腰、旋背皆歸於一勁，否則散緩無力（圖4-25）。

　　接上式，捋加採，從欲捋式開始，其周身要點同前，下捋與遠捋所不同的地方是，在捋的過程中右掌有下採之意，直到將彼捋採趴於地下為止（圖4-26）。

　　接上式，下驚上捋。驚捋與平捋、下捋有所不同，它是在腿的驚閃前提下，左手逆纏向下，同時右

圖4-26

圖4-27　　　　　　　　圖4-28

小臂向上領彼大臂，繼而不停地向右前發勁，或向下捯，視彼角度而定（圖4-27）。

　　但要注意上領與前發是一瞬間的手法過程，應與右腿驚閃同時進行。

　　接上式，捯加捋，手法和周身要點同前欲捯勢，鬆左胯，給右胯，右腳蹬地，重心左移，身體左轉，待右手捯到右乳胸前時，突然改變線路，以右小臂向前發擊，與左手內捯二勁相錯，促使彼受擊後向前栽出。但在初學演練時，宜慢不宜快，因其不好掌握分寸，發擊易傷肘關節（圖4-28）。

　　接上式，右手捯到身體中線時，兩臂放鬆，左臂向左側平伸，掌心向外。右手屈臂以手背輕貼左乳房上，掌心向前，鬆右胯，給左胯，身體右轉，在移重心和轉體的同時，左腳隨之向後外劃弧發擺腳（圖4-29）。

圖4-29　　　　　　　　　圖4-30

繼而左腳點於右腳內側，雙手隨著左腳擺上，右前
左後向身體右側平行按出（圖4-30）。

正如陳鑫俚語所云：

　　六封四閉按向中，上下四旁扣如弓。

　　左腳上提走弧線，擊技全在後擺中。

　　雙肘下沉胸內含，屈膝鬆胯背上翻。

　　周身精神全貫注，尤靜待動欲動中。

　　形似靈貓撲鼠式，動靜變化實無窮。

第六式　單　鞭

　　左手屈腕掤向前，右手刁腕向下旋。

　　兩手構成開合勁，含胸雙合也拿敵。

　　雙手形似抱球轉，抓指解脫向右旋。

　　若拿中節皆可變，身肢放長往前探。

　　提肘鬆腕手內旋，翻腕反拿跪面前。

上旋若不隨心願，一驚一帶如閃電。

閃驚巧取用側肩，擊敵騰空似飛天。

屈膝下蹲穩重心，鬆胯屈膝腳上提。

含胸塌腰真氣聚，橫行側踹緊緊跟。

伸腳須有探聽意，內側輕輕鏟著地。

撐腰旋背向外開，背肘發出循序連。

●注釋●接上式，雙手左前右後走，左手屈腕前掤，右手刁指斜下向內，左手將彼臂向前推，右手刁住其肘關節，一齊向中間合之，將其小臂和手腕合成直角拿之（圖4-31）。

接上式，左下右上形成抱球式，左掌落於腹前，掌心向上。此時如彼抓住我右手指，我即逆纏五指捏合，落於左掌心上方，繼而斜上向身體右側開，即走即屈腕刁指，待走到身體右側時正好解脫。

圖4-31

【注意】右手向外開時胸腹要舒開放長，輔助好向右伸的幅度，使走化更為順利。但臍以下向下走，使周身上下形成對拉之式，這樣既能

圖4-32　　　　　　　　圖4-33

促使身肢放長，又能達到我守我疆，不易過界，下盤又能形成牢固的良好根基（圖4-32）。

　　為了使讀者明白此間的微妙變化，現舉兩例說明。前者是指彼拿我梢節而論，如抓中節，屈指刁腕法是無法走脫的。

　　其一，如彼抓我中節順纏拿之，我即逆纏鬆而隨之，在鬆走的同時，我則向右斜上走化，即走即提起右腳，同時左手向右搭於彼右背處，繼而隨右引向右拍，促使彼身體傾斜，我則用側肩靠擊之。但注意，右引、拍擊、上步、肩擊應同時到位，要求快速、勁整、發擊位置準確（圖4-33）。

　　其二，如彼逆纏抓之，我即順纏隨之（圖4-34）。但由於周身關節放鬆長度的不同，所以在彼翻腕逆纏拿我時，我必須側身擊之，以身肢的放長，來彌補手法上的不足。

圖4-34　　　　　　　　圖4-35

　　具體的走化方法是：

　　如彼逆纏拿我順走時，鬆右胯，身向右側下俯，同時左手向右側前上輕貼於彼右肋處，繼而右腳前上，右手向右側繼續前伸，在上腳伸手的同時，左手順式向右側發推掌。

　　【注意】伸右臂、出右腳頓步、左手推擊應同時到位，彼才能順我右臂向右前方栽出（圖4-35）。

　　接上式，右手解脫完畢，胸內含、束肋，右手落於右側，左手置於小腹前，掌心向上，同時鬆右胯，屈膝下蹲。在下蹲的同時，左腿內扣側向上提起（圖4-36），繼而向左側踹擊（圖4-37）。

　　接上式，如不發左踹腳，身體則繼續下蹲，在下蹲的同時，左腳以腳後跟先著地，向左側蹬地鏟出。繼而不停地鬆左胯，給右胯，右腳蹬地，重心左移，左移重心的同時，用肩、肘、手向外循序

圖4-36

圖4-37

圖4-38

圖4-39

擊之。此時要視敵距離
遠近，靈活運用，不
能呆板（圖4-38、圖
4-39、圖4-40）。

　單鞭是形容此式在
成式時兩臂展開，形如
一條鞭一樣的伸展，其
式變化多端，發擊兇狠。

圖4-40

正如陳鑫俚語所云：

　　單鞭此式最為雄，其式變化甚無窮。
　　首尾前後能相顧，旋轉引擊全在功。

又曰：

　　單鞭心意向左行，右手倡行最分明。
　　左逆右順一起發，皆從元氣運和平。
　　一物所有胸中藏，天機自然運陰陽。
　　單鞭一式最為雄，一字長蛇橫西東。
　　擊首尾動精神貫，擊尾首動脈絡通。
　　當中一擊首尾動，上下四旁扣如弓。
　　若問此中真奧秘，須尋脊背骨節中。

又曰：

　　蓋世無雙一條鞭，打進來不慌不忙。
　　敵因我左手叉腰，肘且屈乘其不防。
　　有侵我逞其剛強，豈知我弓弦一卸。
　　含中有蓄屈中張，打得對方無處藏。
　　豈知我身風欲至，似挨未挨我衣裳。
　　求勝反敗不自量，當地與他論短長。
　　只打得他頭欲顛，身欲撲魂飛天上。
　　非是我別有其方，只憑得周身空靈。
　　一弛一張隨式揚，此所謂陰中藏陽。

第七式 金剛搗碓

●注釋●接上式，身體微下蹲，鬆左襠，重心繼續左移，身體左轉，在重心左移的同時，左臂下沉，右臂先沉然後斜下向左，待右手下行到小腹前止，手指斜下，掌心向左，鬆右胯，給左胯，左腳蹬地，重心右移，在右移重心的同時，雙手同時由下向上然後向右後挒。

此式動作與第三式金剛搗碓相同。

第八式 白鶴亮翅

反覆演練最重要，手靈氣布功漸高。
初次搗碓面向北，頂勁領起向金尊。
此次金剛面向西，兩腳輪流曲線退。
上次解脫後封彼，此次解脫前後分。
一解一合二次開，兩退兩點相互連。
兩手側分似白鶴，屈膝圓襠開中合。

●注釋●接上式，如彼正面抓住我雙腕，我即鬆左襠，身體左轉，在左轉的同時，雙手先向左然後向上穿掌解脫（與前金剛搗碓變懶紮衣解脫相同，略）。

繼而重心右移，在移重心的同時，左腳向後劃

圖4-41　　　　　　　　　圖4-42

弧後退，兩手隨著退步，左後右前開（圖4-41）。

接上式，在退步的一瞬間，身體左轉，右掌以掌根為主，向前直擊彼面或胸部。

【注意】右掌前擊時，右臂只可伸到八成，過則有失界之危，轉換不靈。應做到眼視手往，出掌為之精神一振（圖4-42）。

接上式，鬆左胯，重心漸左移，繼而提起右腳點於左腳前方，在右腳提起的同時，兩手左上右下劃弧在胸前相交（圖4-43）。

接上式，右腳尖點地、雙手在胸前交叉都是一瞬間的交叉過程，繼而右腳向身後劃外弧線退步，隨即重心右移，左腳隨著提起，然後腳尖點地，在左腳提起的同時，雙手左下右上向身體兩側分開（圖4-44）。

鶴長於鬥，善於鳴，明代醫學家李時珍曰：

圖4-43　　　　　　　　圖4-44

「綠眼、黃喙、紅掌、善鬥，見異類展翅鳴。」
《禽經》曰：「鶴鳴則蛾沉，養之園林中，則蛇遠
去。」《洞賓記》曰：「日出展翅而舞，名喜白鶴。」

　　「白鶴亮翅」此式是取白鶴之善鬥、驅害、喜
日出而展翅之特徵，象形取意。此招純用引進之
法，故言柔見乎外，而實寓前進之法，故言柔中有
剛。亮翅者，形容兩手從下而上，如兩翅展開，有
兩手探搭之意。正如陳鑫俚語所云：

　　　　不是峨眉月逼真，弓彎何不倍精神。
　　　　閒來沒事看白鶴，兩翅舒展又一波。
　　　　兩手引來摟峰式，希殊秋水出太阿。
　　　　元氣何從出太和，右展兩手弄秋螺。
　　　　北方引進神機足，高翅由來有白鶴。

　　演練者在行功練拳時要注意涵養元氣如鶴，猶

伏而不動以養精神。

第九式　斜　行

按住右臂莫要慌，順纏引進合好襠。
含胸塌腰精神貫，扭腰旋臂擊胸膛。
如遇迎面擊來拳，迅速出擊接手快。
接住敵手莫滯慢，右旋屈膝向下採。
左手由下向上起，挒變反折致勝歸。
接住右手向上掤，左腳踹膝無須停。
左纏右合須含胸，突胸雙拿扣如弓。
拿過還須繼續攻，左側一肘腋下衝。
左腳落地重心移，彎腰下旋能靠人。
太極始末求中正，曲中求直不為偏。
彎腰肘從膝下過，七寸肩靠在此中。
左手徐徐提肩平，右掌耳下欲待攻。
不擊慢慢向前按，扭腰旋背向右轉。
進用肩肘胯靠打，展開遠用劈掌迎。
此招欲完右胯鬆，擺膝圓襠氣下行。
含胸束肋氣歸丹，意念微貫不可貪。
意氣逆行過三關，氣往下降通三田。
周身上下節節鬆，五趾抓地湧泉空。
濁氣下降至湧泉，靈氣上升百會間。
三氣混集丹田中，以意久練自順從。

招式雖是如此變，察式應用別有方。

太極陰陽變萬千，萬變不離柔中圓。

只要平時細研練，出手皆可分勝敗。

氣達右手中指肚，周身六合扣如弓。

●**注釋**●接上式，如彼從右側推我右臂，我即略鬆左襠，身體左轉。在左轉的同時，右手順纏接住彼手由右向左引，繼而鬆右襠，逆纏向下，落於小腹前，掌心向下。在右掌向下劃弧的同時，左掌隨之由下劃弧向上，繼而向右側發推掌於彼胸（圖4-45）。

接上式，如果拳從正面擊來，我則身體略左轉，以右手先接住彼，後速鬆右襠，身體右轉，在右轉的同時繼續下捋，左手隨身體右轉由左劃弧向上，向右協同右手繼而變下採（圖4-46）。

圖4-45　　　　　　　　圖4-46

圖4-47　　　　　　圖4-48　　　　　　圖4-49

　　接上式，若彼從正面擊我，我則先用右手接住
對方，協同左手一齊向右側将，在将的過程中，左
腳向左前方上半步，繼而鬆左胯，給右胯，身體
左轉。在向左轉體的同時，雙手變左上右下一齊
將彼被将的一臂向其胸前捩出（**此為邁頭掃雪，圖
4-47**）。

　　接上式，接手要點亦同。若接手不採即可上
挪，左手隨之由左劃弧向右，以掌外側為力點輔助
右手一齊向右上将，在将的同時，左腿內扣側向提
起（圖4-48）。

　　左腳向左前側下踹出，直擊彼膝。

　　【**注意**】兩手右将提腿時，一定要做好含胸、
束肋，以腰為界上下形成對拉之式，下盤才能穩固
好重心，發踹腳時才能達到乾脆俐落，力點清晰
（圖4-49）。

圖4-50　　　　　　　圖4-51

接上式，若不發蹬腳，我右手接住彼後，向右後帶，同時左腳前上，在右帶的同時，左手劃弧向右前上，以左臂插於彼臂內側，繼而外纏，同時左手協助右手隨著含胸一齊向下拿之（圖4-50）。

接上式，若不拿彼，我接住彼手即向右側将，在将的過程中，左腳向左前上，待左手将到身體中線時，左肘略上泛，然後鬆左襠，重心左移，在移重心的同時，左臂內屈向彼肋處發穿心肘（圖4-51）。

接上式，接住彼手後，向我右下将，在右将的同時左腳向左前上半步，左手隨左腳前上屈臂插於彼大臂下，左手略有下採之意（圖4-52）。

繼而鬆左襠，重心左移，身體左轉，在左轉的一瞬間我身體向左側略下俯，以背或大臂向彼靠之。此為中身法靠。如下低身法，肩離地七寸靠，

圖4-52　　　　　　　　圖4-53

可根據身體條件而定（圖4-53）。

　　接上式，發過靠勁之後，左臂沉肩墜肘提手與肩平，同時右手向後走外弧線，然後屈臂豎掌向前合於右肩前。繼而身體略左轉，在左轉的同時，如敵從正面而來，我則右掌向前順纏坐腕發推掌（圖4-54）。

　　　　　　　　　　　　接上式，發過前推掌後，身體右轉，先肩、後肘、再手，依次向右側開擊。此用法和懶紮衣外開方法相同，只是腿法和外開的角度有所不同。懶紮衣是四正方向，斜行的開發略偏後，四肢全占四隅

圖4-54

角。

　　所謂斜是隅也，所謂行是動也，白鶴亮翅之後，重心右移，左腳提起斜上西南方，而右腳自然為東北。左手繞膝過後落於東南，右手越耳前行，然後右開落於西北方。此時則備四隅之絕，與易理最活，故取象斜行。正如陳鑫俚語所云：

　　　斜腕吊踝真難看，此中自然有高見。
　　　妙手空空從何來，太極圖中貴善變。
　　　善變神機無滯形，功夫歸根在百練。
　　　百煉真金金有光，金光閃閃如雷電。
　　　此時功夫完成後，當初誰是真先難。
　　　日日先難難無盡，難盡易來小神仙。

第十式　摟　膝

第十一式　拗　步

　　　吸氣下蹲雙手托，暗移重心變順逆。
　　　沉肩墜肘合往勁，手捋膝撞不消停。
　　　落地上步向前催，快速如風又如雷。
　　　問君何緣上一步，豈知下式還有因。
　　　左腳落地前為先，右腳轉落左腳前。
　　　再將左腳上一步，穩固重心雙臂開。

●注釋●接上式，斜行之後，身體向下蹲，在下蹲的同時，重心向後移，雙手由兩側變左逆右順纏，隨著沉肩、墜肘，含胸塌腰，束肋，徐徐向中間合托（圖4-55）。

接上式，繼而重心完全移至右腿，同時左腳提起回收，以腳尖著地，點於右腳前方，在左腳提起的同時，雙手繼續上托，然後左前右後豎掌於胸前（圖4-56）。

接上式，鬆右胯，屈膝下蹲，腳五趾抓地，身體右轉，雙手由前向右後将，同時提起右膝上撞，或腹或胯均可。但上撞時，須含胸，收小腹，腳尖鬆而垂，力點要清晰有力（圖4-57）。

接上式，上撞後身體繼續下蹲，待右腳重心達到穩固後，左腳提起前伸，以腳後跟先著地，漸而踏平。在左腳落地的同時，雙手由将再向後，劃弧

圖4-55

圖4-56

圖4-57 圖4-58

向上，繼而向前，左前右後，待向左移重心時，左手經左膝前向左撥（有下分之意），右手置於右肩前（圖4-58）。

接上式，重心左移，身體左轉，同時提起右腳前上，以腳後跟先著地。在右腳前上的同時，如彼揮右拳擊我，我則以左手接住彼拳向左上架起，繼而以右掌向彼胸腹處發擊（圖4-59）。

接上式，重心右移，移重心時腳尖略外撇，然後漸而踏實。在移重心的同時，左腳蹬地，躍起前上，下落西南方。右手由按變下落，經右腿內側外撥，然後下按於右腿外側。

圖4-59

圖4-60

左手由後向上劃弧，然後豎掌置於左前方，繼而重心左移，身體向左下俯發肩靠，右手由伸略屈輔助左肩擊發，以下與第九式斜行要點及用法相同（圖4-60）。

　　摟膝拗步，顧名思義，有上托牽引之意。如斜行後，兩手從兩側右順左逆由下向上托起，然後變左順右逆將牽對方。拗有折、曲之意，所以拗步即曲線隅角而上。拗步又可曰前堂躍步，或上三步，皆都是主前進之意。

　　陳式太極拳的主要核心是螺旋纏絲勁。手的運行軌跡呈弧形和圓形。沒有抽扯之形，沒有提拔之意。要求混然一圓方為合格，故曰摟膝拗步。第十二式斜行與第九式斜行相同，第十三式摟膝、第十四式拗步與第十式摟膝、第十一式拗步相同。

　　陳鑫俚語云：

　　　　手中日月畫太極，此道人人皆不識。

　　　　陰陽消長自有真，全賴有心手內尋。

　　　　所畫之圈有正斜，無非一圈一太極。

奇正離合最有情，但看能明不能明。
天機活動妙且深，樞樞輾轉在一心。
果能識得其中妙，三十六宮都是春。

第十五式　掩手肱拳

斜行拗步左右連，雙手交叉在胸前。
左腳提起隅角上，雙手徐徐前後開。
雙臂隨襠全開盡，含胸內合自然歸。
右腿屈膝向下蹲，左掌右拳合心前。
含胸束肋襠下塌，二目平視正前方。
扭腰旋背抖出拳，螺旋纏絲莫直前。
此拳發出速無比，肱拳發擊力點清。
要問此勁由何來，勁起腳跟纏手腿。
越乳過腋達脊背，抖擊勁達右拳輪。
平拳釘拳皆能用，肱骨外迸也發人。
練就掩手如風雷，迅速合下力千斤。
勸君智勇休使盡，剩下餘力掃千軍。
突然右邊又來敵，轉身發肘莫遲疑。
隨即轉體休遲慢，回肘痛擊來侵敵。

●注釋●

【動作一】接上式，斜行之後，收起左腳前

圖4-61

上，其要點及用法同前拗步。待左腳前上落地時，雙手左上右下交叉於腹前（圖4-61）。

【**動作二**】接上式，提起左腳前上，在左腳前上的同時，雙手向兩側前後開擊，眼視先左後右，左手用掌前推，眼視左前方（圖4-62）。

右臂用肘，眼斜視右側，待掌和肘開出自己的應擊範圍之後，繼續向外伸展至與兩肩平止。但在開擊時，身體下蹲、呼氣、舒胸，以眼視方向為主手，反之為副手（圖4-63）。

【**動作三**】接上式，身體繼續下蹲，呼氣。隨著呼氣，雙手左逆右順劃弧向中間合，左手內屈

圖4-62　　　　　　　圖4-63

45°變側揚掌於左側前。
右掌變拳屈合於右肋前，
拳心向上，周身蓄合，眼
視正前方（圖4-64）。

圖4-64

【動作四】接上式，
鬆左胯，右腳蹬地，重心
左移。在移重心的同時，
身體速左轉，左手順纏內
收向後發肘勁，右拳同時逆纏前伸。應注意發擊是
在周身放鬆、扭腰旋背的基礎上，呼氣抖發的。
要以意在拳先、力點清晰為準則（圖4-65、副圖
4-65）。

掩手肱拳是指發勁時左掌在前，右拳在後，左
掌護著右拳，有遮掩之意。何為肱拳？肘關節以上
為肱骨，欲動前右拳合於右肋處，待右臂螺旋向

圖4-65　　　　　　圖4-65副圖

前時，勁由肱骨纏於尺骨，繼而向前催發至拳，肱骨起著先前的主要傳導作用，故曰肱拳。

掩手肱拳勁由何處起，演練時必須弄清。發勁時右腳蹬地，勁起於腳跟，越腿順脊上行，穿至肩臂，然後由胳膊前運至手背。欲發前勁應先合好，擊打才有力。但是，勁雖由腳跟而起，其意本在心，心機一動中氣即由丹田發出至手，周身全力皆聚於此。

至於發擊遠近的尺度，可靈活掌握。遠可展開胳膊擊人，近則胳膊不能展開，可用屈肘合捶打擊，或用尺骨外迸擊。總之，或拳或肘，要靈活運用，將對方擊翻，跌倒在地為上乘。

正如陳鑫俚語所云：

忽有敵人自東來，右拳即向東面開。
右腳進步休緩慢，致使來者仰面天。

第十六式　金剛搗碓

掩手肱拳之後，重心右移，身體右轉，右肘隨之走上弧向外開肘。然後重心左移，在左移的同時，右腳劃弧外擺，繼而前上成撩掌式，之後提膝上撞，發裡鉤拳、下踩腳皆與第三式金剛搗碓相同。

第十七式　撇身拳

掩手拳完速轉身，面北背南像尊神。

右腿屈膝往下蹲，提起左腳向外伸。

雙手屈腕兩側開，身體中正不可偏。

勁達雙腕力可發，不發徐徐向外開。

敵按右臂力下旋，先下後上引進來。

引進插襠齊並進，蓄發相變肩肘運。

大開大合重心移，右胯一鬆鳥難飛。

連環進招七寸靠，轉換重心背發人。

撇身拳式斜寓正，兩腳舒展八面撐。

雙手兩側皆逆纏，兩腿虛合實欲開。

右拳落在神庭上，左拳插在左肋間。

側身右旋腰大扭，眼神戲定左腳尖。

頂勁領起中峰懸，襠間撐開半月圓。

兩腿撐勁需八面，下接出手緊相連。

此招運用實在難，功夫下到皆自然。

●注釋●

【動作一】接上式，金剛搗碓之後，重心右移，提起左腳向左跨步。在左腳向左跨步的同時，兩臂向兩側分開，外開時雙腕突出，指尖相對，有向外挒擊之式（圖4-66）。

圖4-66　　　　　　　　圖4-67

【動作二】接上式，重心向左移，同時提起右腳向右側跨半步。在移重心的同時，彼抓我右手腕，然後雙掌變拳右逆左順纏，左下右上成引進式，引進時右腕外折，皆能解脫（圖4-67）。

【動作三】接上式，鬆右胯，身體右轉，右臂略向內屈向下。此時隨右臂內屈，肩向右側發背靠（圖4-68）。

【動作四】接上式，若下大身法肘離地七寸，發大身法靠，此為七寸靠。此靠發擊時一定要做好頂勁上領，身法雖屈斜，但仍為屈中求直之身法，決無偏斜之

圖4-68

圖4-69　　　　　　　　　　圖4-70

危（圖4-69）。

　　【動作五】接上式，鬆左襠，身體左轉。同時兩拳左下右上劃弧向右引，然後再鬆右襠，重心右移，身體右轉，左拳隨轉體先拳頂後拳背叉於左肋間，同時右拳隨翻轉臂外掤，向右後發背靠（背靠的發擊面包括右大臂，圖4-70）。

　　撇身拳又名庇身拳。庇有相互遮蔽、掩護、庇護之意。又以兩手護其周身，右手護頭，左手護腰，前後皆能照顧，故曰庇身拳。

　　欲要開步時兩手從胸中間向兩側平分，右手先，左手後，兩手下分時兩腳先向外開半步，待右手上引時，右腳同時提起，繼而向右側再開半步，兩腳兩次外開約一公尺餘，上體亦向右歪斜，腰向內折，眼視左腳尖，使右拳、左肘尖及左腳尖成一直線。周身上下骨節相互照應，務必全身上下一氣

貫通。

正如陳鑫俚語所云：

庇身捶式最難傳，兩腳舒開一米寬。

兩手分開皆倒轉，兩腿合住勁斜纏。

右拳落在神庭上，左拳叉往左腰間。

身似側臥微嫌扭，眼神戲定左腳尖。

頂勁領起斜寓正，襠間撐開半月圓。

右肩打下七寸靠，背折一靠更無偏。

右手撤回又一捶，此為太極變中拳。

第十八式　青龍出水

鬆胯扭腰向右轉，左上右下落腰間。

逆纏屈腕向前迸，順纏收回合肋前。

左手立掌右手拳，右側斜下發栽拳。

左臂屈肘向後發，迅速出擊達肘尖。

拳肘齊出一股勁，扭腰旋背力點清。

青龍出水無須停，身體右轉合住勁。

暗移重心精神貫，螺旋彈抖向右迸。

纏絲順轉人皆能，反道為用事不恒。

屈時含胸身下蹲，上挑發肘擊前心。

擊技發出連珠炮，只看運用妙不妙。

圖4-71　　　　　　　　圖4-72

●注釋●

【動作一】接上式，如有人按住我右大臂，我即鬆右胯，身向右轉。同時雙手左上右下，左手逆纏屈於左上方，右臂順纏向下，左手輔助右手一齊向右側後發掤勁。二勁歸一，眼視右側（圖4-71）。

【動作二】接上式，掤勁發過之後，若我右側前面來敵，我則鬆左襠，身體左轉，兩手隨身體旋轉，左手下旋於左腿外側，右手逆纏以拳背右前發迸拳，意指彼小腹處（圖4-72）。

【動作三】接上式，右拳順纏收向右肋處，在右拳回收的同時，左掌變拳逆纏向右側發撩拳，指向彼小腹處（圖4-73）。

【動作四】接上式，左拳順纏收回，意欲單手捋住彼一手向左側帶來。在左帶的同時，右拳向右前發斜下栽拳，直指彼小腹部。此動作是連續發擊

圖4-73　　　　　　　　　圖4-74

之法。迸拳之後連撩掌，撩掌之後接栽拳，循序連擊，一氣呵成（圖4-74）。

【動作五】接上式，栽拳之後，如有人抓住我手腕，我即順纏隨胸一齊發彈抖勁，同時右臂內屈180°向上發挑肘。發上挑肘時，左肋束，右肋張，上下形成對拉之式，促使上挑肘力點清晰（圖4-75）。

圖4-75

青龍出水，又名指襠捶，背折靠。庇身拳之後，繼而身體向右轉，同時左拳上升，屈肘豎於上側。右拳下轉落於右腰間，隨即變逆纏向右前發迸拳，此時左手起輔助作用落於

左腰間，繼而雙手向右邊合，左手變立掌豎於右前方，右拳心向上蓄於右腰間。然後左腳蹬地，勁起於腳跟，行於腿，以腰為主宰，扭腰旋背向身體兩側發力。右拳向右前下發栽拳，同時左肘向左後偏上發後肘，兩臂螺旋纏絲抖出，猶如蛟龍出水，迅猛無比，故曰青龍出水。

青龍出水之後，右拳變掌下落，左拳變掌向右伸，兩手構成捋狀先向左捋，重心左移，繼而右移，在右移重心的同時兩掌變拳，協助右肩向外發背靠，故曰背折靠。但此乃為中圈，翻拳向上發擊則為小圈，閃驚發擊更為玄妙，絕非一日之功。

指襠捶是指向對方襠內發下栽拳的意思，朝對方陰部或小腹處發擊。

上挑肘是背靠之後，右臂內屈180°隨身體下合，繼而外開，向右上方發上挑肘。但須明白蓄合開放只是在一瞬間完成的，發肘時身體上下形成對拉之式，有利於穩固重心和力點清晰，故曰上挑肘。望演練者用心演練，三勁皆可用短勁連珠炮式發擊，無須大開大合。

第十九式　雙推手

背靠之後連按手，出手動作須緊湊。

扭腰旋背重心移，右腳提起側向踹。

　　雙手合住大捋勁，捋到中線且放鬆。

　　兩臂放鬆皆右擺，右腳前上左腳前。

　　左腳速跟腳點地，含胸張背向外推。

　　按勁之後的捋、採、挒用法與懶紮衣變六封四閉圖相同。

　　●注釋●

　　【動作一】接上式，青龍出水之後，鬆右襠，身體右轉，重心右移。在移重心和轉體的同時，雙手同時右前左後向身體右側發按勁至彼胸處，眼視右前方（圖4-76）。

　　【動作二】接上式，按勁之後，鬆左襠，右腳蹬地，重心左移，在移重心的同時，左手逆纏下捋，右手切掌勁達掌根。隨著大捋，身法漸捋漸蹲，直至右手捋到身體中線，將彼捋至趴於地上為止（圖4-77）。

圖4-76　　　　　　　　圖4-77

圖4-78　　　　　　　　圖4-79

【動作三】接上式，待右手将到身體中線時，雙臂放鬆，左臂左伸與肩平，右臂內屈輕貼在左乳房上，雙掌心向前。此時左腳向左外擺，身體繼續左轉，同時提起右腳懸於襠內，向右側前發側踹腳，此時面向西北（圖4-78）。

【動作四】接上式，如不發側踹腳即可前上落地，落地時腳後跟先著地，繼而踏實，左腳隨著跟步虛腳點地。在右腳落地的同時，雙掌右前左後，一齊向右側前發雙推掌（圖4-79）。

第二十式　肘底看拳

左下右上兩側分，身體左轉漸漸行。
眼視右左再向前，左上右下變為拳。
左腳隨手向前上，腳尖點地左前方。
左手豎起陰陽掌，發拳重心向左移。

隨機應變可變掤，右拳橫擊腹肋胸。

●注釋●

【動作一】接上式，雙推手之後，兩手左下右上轉，繼而變右下左上，左手向上時領住左腳向左前方上半步腳尖點地，兩腳相距約30公分，左臂內屈豎掌於左前方。右掌變拳藏於右肋前（圖4-80）。

【動作二】接上式，鬆左襠，右捶逆纏向前，然後經左肘下向前擊。或者雙手按罷，右手先略左然後向上劃弧掤住對方來拳。繼而上左步，左手接住彼向左上掤，在左掤時右手向下變拳，逆纏向左側偏前擊之（圖4-81）。

所謂肘底看拳，是指一臂內屈豎起掩護，另一拳從肘下偷襲之意。

圖4-80

圖4-81

正如陳鑫俚語所云：

左肘在上，右拳在下；胸有含蓄，側有俯察。

左腳點地，右腳平踏；兩膝屈住，襠中闊大。

神完氣足，有真無假；承上啟下，形象古雅。

第二十一式　倒捲肱

右拳變掌向前擊，嚴防前方槍紮膝。

繼而提起左腳退，弧線劃出左外側。

腳尖微微先著地，繼而踏實穩重心。

左手隨著左腿下，由內向外徐徐撥。

重心繼而移後邊，雙臂前後大展開。

如敵抓住後手腕，鬆襠含胸速折回。

周身上下皆合勁，一場虛驚化為夷。

大開大合隨意走，左右循環皆相同。

鬆胯屈膝襠下塌，鬆活開合任走化。

三步退換變大捋，大捋之後接白鶴。

喜看珍珠倒捲簾，氣貫周身陰陽來。

倒步兩腳隨更換，左顧右盼隨手轉。

前手後手一齊擊，不丟不頂意在先。

身法有正皆無偏，虛實開合十分圓。

兩腿退換向後行，尤如日月轉無聲。

圖4-82　　　　　　　　　圖4-83

●注釋●

【動作一】接上式，肘底看拳之後，身體左轉，左手順纏螺旋由內向下行至膝前然後外撥，同時右拳變掌逆纏向前，然後向右掤擊，眼視前方（圖4-82）。

【動作二】接上式，重心左移，左手由下漸而向上與肩平，如有人抓住我左腕，繼而屈肘內折解脫於左肩處，掌心向前，右手順纏屈臂於胸前，掌心向上（圖4-83）

【動作三】接上式，重心完全移於左腿，同時提起右腳由內向外劃弧後退。在劃弧後退時先平行交叉，然後左掌前擊，右肘後擊。至於哪為主，哪為次，應根據情況而定，而後重心右移，雙手前後展開，然後右臂屈合解脫，週而復始（圖4-84）。

練倒捲肱時，左腳先倒行，手隨著從上往下倒

轉，往後倒而捲之。欲
倒捲先隨身體走，手即
隨之，配合胸腰開合轉
化，肘有後擊之意，故
曰倒捲肱。

圖4-84

　　倒捲肱時勁由手指
肘由內至下，由下至
外，再由外上纏，歸至
腹內，是倒纏勁、斜纏法，自腋下斜纏至手，再由
手纏到肩裡邊，由肩裡邊由內而下，然後再上，重
歸至腹內，斜纏至指肚，此是半圓身法。腳法皆是
隨手法倒纏後退行之。左手在後，由後到前，右手
到後，右手再由後倒轉到前，則左手即倒轉到後，
左手到上，右手到下，左右迭換，週而復始。

　　腳的退行隨手法一起走，向後曲線走一公尺左
右，纏法皆是由內至下、至外、至上，週而復始。
但在旋轉過程中，要注意胸腰的配合，內含時後手
有解脫之意，前手有前擊之能，襠要隨腰活順，做
到腰如車軸手如輪。在軸心的帶動下，兩臂在兩側
隨氣而上下不停地運轉，往後倒行。

　　正如陳鑫俚語所云：

　　簾看珍珠倒捲，正氣貫注中間，

　　陰陽來回更換，隨機左顧右盼，

退行有正無偏，一氣相貫，
似兩個車輪旋轉，莫仰首遠瞻，
莫顛腳高懸，仔細看看兩面左右手，
真信得太和元氣倒轉十分圈。

第二十二式　白鶴亮翅

接上式，待重心完全移至右腿時，左腳後退以腳尖點於右腳內側，同時雙手右前左後在身體右側構成捋式，然後左腳向左後退步，繼而鬆左胯，給右胯，重心左移，即移即捋，其他與第八式白鶴亮翅動作相同。

第二十三式　斜　行

接上式白鶴亮翅，與第九式斜行相同。

第二十四式　閃通背

雙手左掤重心移，復回下捋勁則齊。
左腳提起向後倒，兩腿鋪地有其妙。
左接右搭隨身走，翻身下捋緊相連。
左右大捋皆未休，起身撤步向回收。
繼而落地左前上，周身上下蓄如弓。
速疾左轉向前抖，不擊胸腹專鏈喉。
左右大捋速度快，起身接手如閃電。

前穿發掌達指尖，右穿左按不可偏。

下蹲蓄合氣歸丹，上行氣通脊背肩。

翻體旋轉向東轉，落腳踩碎足下磚。

左腳前上兩臂開，下式緊接掩手拳。

●注釋●

【動作一】接上式，鬆左胯，重心繼續左移，同時雙手左前右後向身體左側出，周身以臍為界，上下形成對拉之式，兩手構成欲挒之狀，眼視左側（圖4-85）。

【動作二】接上式，鬆右襠，身體右轉，身法漸而下落，雙手隨著身體下蹲右順左切掌向右側挒，在意念中將對方挒趴於地（圖4-86）。

【動作三】接上式，待左手挒到身體中線時，身體速上起，在意念中視前面又有來敵，我則先用

圖4-85　　　　　　　　圖4-86

圖4-87 　　　　　　圖4-88

左手順纏接彼，繼而右手前上搭於彼大臂。在左手
前上的同時，提起左腳向身後倒步，身體左轉，兩
手隨轉一齊向下捋之，大身法直至雙腿內側鋪地，
彼才無有走脫之機可乘（圖4-87）。

【動作四】接上式，待右手捋到身體中線時，
身體隨即上起，同時右腳前上外擺，右手繼而上
抬，繼而向右外撥。待右手行至身體右側前時，左
手前上接住彼臂再向左側掤，左手前上時，左腳
隨之前上，右掌下落於右肋處，重心左移，身體左
轉，在移重心和轉體的同時，右手向前斜上發穿
掌，直擊彼咽喉（圖4-88）。

【動作五】接上式，穿掌之後若敵從身後而
來，我即鬆右胯，身體右轉，右手隨之逆纏，臂略
內收，肘略上抬，隨著轉體向身後發後背靠或肘勁
（圖4-89）。

圖4-89　　　　　　　　　圖4-90

【**動作六**】接上式，轉身發勁畢，身體轉向面朝東，在旋轉的同時，雙手左上右下，繼而在體前交叉。在轉體的同時，右腳提起隨著雙手交叉震腳下踩（圖4-90）。

穿掌之後身體略下蹲，周身蓄而合，氣歸於丹田之中，繼而以背靠向右開擊。這其中的一合一開，一引一擊，都是在一瞬間完成的，合時有引進閃擊、氣歸丹田之意，開擊時氣行於上，通達於背，故曰閃通背。

第二十五式　掩手肱拳

接上式，雙手在體前相交之後，身體前後兩側分開，隨即內合，左手豎掌立於左前方，右拳蓄於右肋處，繼而右腳蹬地，重心左移，扭腰、旋背、抖肩出拳，其要點與第十五式掩手肱拳相同。

第二十六式　六封四閉

接上式，重心繼續左移，兩手向右前方構成捋式，繼而下捋，待右手捋到身體中線時，繼而向左外擺出，再鬆右襠，雙手右按，其要點皆與第五式六封四閉相同。

第二十七式　單　鞭

接上式，單鞭的運動路線、要點皆與第六式單鞭相同。

第二十八式　雲　手

　　一手落來一手起，兩臂旋轉如車輪。
　　上欲發勁下欲引，只有引進才打人。
　　吸氣引合意欲發，呼氣發力意在先。
　　運手旋轉如拉線，中正運轉不可偏。
　　雙手旋轉領雙腳，四面轉換如舞旋。
　　兩手翻轉與眉齊，中氣徐徐貫脊背。
　　並插擺腳步法奇，雙懸日月照乾坤。
　　前後運手皆相同，左顧右盼皆呼應。
　　全身雖分上中下，三節卻是一脈通。
　　雙手旋轉不離中，不丟不頂不可空。
　　左右循環雖如此，引化運機奇更奇。

圖4-91　　　圖4-92　　　　圖4-93

上下行氣不停留，一來一往運一周。

自古太極陰陽理，何懼萬物不運身。

●注釋●

【動作一】接上式，鬆左胯，給右胯，重心繼續左移。在重心左移的同時，右腳提起向左腳後方插步，繼而左手順纏變掌心向左，右勾手變掌螺旋下行到身體中線掌心向左，眼視左側（圖4-91）。

【動作二】接上式，重心右移，提起左腳，有側踹之意。若不發踹腳，即向左側跨步，同時兩手左下右上轉，左側成插襠引進之式，右大臂向右外開擊（圖4-92）。

【動作三】接上式，重心左移，左臂隨之向左開擊，同時提起右腳再次向左插步，其手法要點同動作一（圖4-93）。

需要注意三點：

其一，向左側雲步數次後，可更換步法向右雲，待右腳插步行至與肩同寬時，腳尖虛點於左腳內側，繼而再提起向右側跨步，然後重心右移，繼而提起左腳插於右腿後方，其要點皆同左，週而復始。

其二，如向左行時，以左側開擊為主，右側為副；若右行，則反之。

其三，雙臂在旋轉時，兩肩胛骨鬆開，左上右下如一線相牽，不能有丟頂，如春風擺柳，隨式張揚，周身上下，一氣貫通。身法運轉時，如乘江河小舟，波浪滾滾，悠悠蕩蕩，連綿不斷。

雲手是兩手在身體兩側左右劃圓翻轉，左手管左半身，右手管右半身。引時以手隨肘，以肘隨肩，以肩隨腰。外開時以腰催肩，以肩催肘，以肘領手，兩手內外翻轉形似行云，故曰雲手。

正如陳鑫俚語所云：

雙手領雙腳，左右東西舞，先由左手領，

右手隨西去，右腳亦收西，兩手與眉齊。

兩手去尺餘，內外轉徐徐，中氣貫脊中，

不可歪一處，右腳收回時，左手則向西。

又曰：

兩手轉換東復西，兩腳橫行步法奇。

來回運氣恒不已，雙懸日月照乾坤。

第二十九式　高探馬

右腳前上跨半步，手臂相交向上引。
左掌搭在右大臂，左拿回擊雙重意。
左上右下兩側分，實腳由左向右移。
放棄探馬切先慢，左轉左臂懷中攬。
右掌不按變成拳，立肘肱擊誰敢犯。
左手接住敵人手，隨即轉身向左捋。
折腕解脫腰相隨，左肘右掌兩側分。

●注釋●

【動作一】接上式，如雲手向左運，左手隨重心左移，由中線向左略偏後順纏平開，同時右手順纏向下領住右腳向東北方向上步。

待右腳落地後，身體繼續左轉，右手繼續向左偏上引，在右上引的同時，左手先上，向反方向先逆後順纏向右與右臂相交合。然後以拇指搭於右大臂上，掌心向外，周身上下形成引進欲拿之式，眼斜視右側（圖4-94）。

【動作二】接上式，若左手向左開時，先螺旋向上接住彼手，繼而向左引。右手領住右腳向前側跨時，右臂由下向上插於彼臂內側，繼而向左含

圖4-94　　　　　　　　圖4-95

胸、束肋、沉肩、墜肘，在重心略右移的前提下，左手順纏，與右大臂逆纏合勁拿之（圖4-95）。

【動作三】接上式，雲手時如彼從右側按我大臂，我則先下而後上引之。同時右腳側向前上，周身蓄合，繼而鬆右襠，身體右轉，右臂隨之順式向後發背靠，同時左手輔助隨之（圖4-96）。

【動作四】接上式，如不用拿法，不發背靠，則鬆右胯，重心右移，雙手隨開胸繼而向前後兩側開展。此時如彼抓我右腕，我則速鬆左襠，含胸、扣肩、身向左轉，右臂隨著順纏內

圖4-96

圖4-97　　　　　　　　圖4-98

屈，皆可解脫（圖4-97）。

【動作五】接上式，若前側有敵來，我則鬆左襠，身體左轉。同時左手攬住彼後腰向懷中內帶，在內帶的一瞬間，右屈臂變握拳立肘向前發擊（腰攔肘）即可。要求做到有機配合，協調一致，整個動作一氣呵成（圖4-98）。

【動作六】接上式，此式移重心、轉體要點皆同動作五。在轉體時左手向內收，有捋住對方內帶之意，同時右掌由肩前逆纏向右側發推掌（圖4-99）。

探馬是形容馬高大，騎之先用手探其鞍，此招與探鞍有相似

圖4-99

之處，故而得名高探馬。在雲手將終時，右腳向右前上步，約一公尺。繼而右臂由下向上引之，同時左手由左向右搭於右大臂中間，掌心向外，周身蓄合，有插襠引進、欲拿、欲發背靠之意。在平時的演練中應養成習慣，推手時應用更為靈活方便。

　　正如陳鑫俚語所云：

　　　　八尺以上馬號龍，泰山獨立第一峰。

　　　　只為欲乘千里駒，高探超達馬服封。

　　　　冀北空群得最難，形高八尺不易採。

　　　　果能立式超流俗，千里一日解征鞍。

第三十式　右擦腳

第三十一式　左擦腳

　　　　左腿蓋步右腿上，兩臂旋轉合胸前。

　　　　雙手掌心旋向外，兩臂外掤內月圓。

　　　　屈膝下蹲合住勁，腳踢手拍空中迎。

　　　　腳落右轉一百八，面北背南身下蹲。

　　　　二次欲要左腳起，斜視左側須認真。

　　　　手拍腳踢運足氣，頓時滿天血星飛。

　　　　高踢下頷居於上，低踢陰部居於中。

　　　　晝夜下功多多演，拳打萬遍神理現。

圖4-100　　　　　　　　圖4-101

左右輪換橫西東，上抬腳面須展平。

疾起慢落穩重心，運用纏絲方有力。

●**注釋**●

【**動作一**】接上式，高探馬之後，兩手各在身體兩側劃弧向身體中線欲要合擊時，左上右下，有向彼腹背合擊之意。合擊時氣向下行，雙肩沉而扣，胸內含，腹鼓盪，力點才能清晰有力（圖4-100）。

【**動作二**】接上式，如不合擊，雙手左上右下交叉於胸前，繼而外掤，然後向身體兩側發肘，直至彼胸腹處（圖4-101）。

【**動作三**】接上式，若不發肘，雙手交叉時左腳蓋在右腿上。繼而重心左移，右腳向身體右側上方直踢。在上踢的同時，雙掌向身體兩側分開。然

圖4-102

後向下與右腳面相合拍擊，腳的指向低於襠，中於腹，高於喉，手與頭或腳面相擊（圖4-102）。

【動作四】接上式，腳下落，雙手交叉面向北，繼而上踢與左手相拍合，其方法要點與右腳同。

高探馬之後，兩手在身體兩側各劃圓弧後在胸前相交，然後變外掤，同時左腳提起蓋於右腿上方，身體隨即下蹲。繼而將重心漸漸移至左腿後，右腳向身體右上方踢起。兩手同時隨著起腳向身體兩側分開下拍，右手與右腳在空中拍合。然後漸而落地，待右腳下落的同時，兩手從兩側下合交叉於胸前，隨即右腳尖外擺。然後身體向左旋轉180°後，身體下蹲成坐盤步。漸而再將重心移於右腿後，左腳接著向左側上方踢起，在踢起的同時兩手由下向上再下拍。左手與左腳在空中合擊。雙方兩側左右插腳都是起剛落柔，故曰左右擦腳。

正如陳鑫俚語所云：

先將左腳向南橫，上抬右腳面展平。

右手從左先繞轉，下打上踢兩相迎。

面南左腳定根基，右手下迎不煩思。

渾身合住彎似弓，東撮西打自相隨。

第三十二式　左蹬一跟

左腳拍合空中旋，隨身左轉復歸原。

腳尖虛點右內側，雙手相交在胸前。

右腳獨立左腳懸，腳蹬拳翻兩側開。

身法有正則無偏，左右齊舒列兩邊。

左腳向東蹬一跟，全憑一木上沖天。

兩手忽聚而忽散，浩然元氣貫中間。

右腳下伏是基礎，只看左腳空中懸。

●注釋●

【動作一】接上式，左擦腳之後，身體向左旋轉180°。隨著身體的旋轉左腳下落向左擺，然後懸於襠內，同時雙掌由兩側向中間合，繼而變拳交叉於腹前，左外右內，繼而左腳側向蹬出，兩拳左逆右順纏向兩側迸擊（圖4-103）。

圖4-103

圖4-104

【動作二】接上式，左擦腳後左腳下懸，雙掌內收，皆同前動作一。

　　所不同的是：左腳下落時不懸於襠內，而下落以腳尖點於右腳內側，繼而重心左移，在左移的同時右腳提起向右側跨步，雙拳也隨之變掌向兩側展開。然後重心右移，左腳隨之提起懸於襠內，雙掌內合交叉於腹前，繼而左腳再向左側蹬擊，雙掌可變雙拳向兩側展擊。此種方法與動作一所不同的是，對遠敵而用。

　　總之，動作一轉身後手腳正好皆可擊之，如離己身太近無法施展，只可用動作二之法先誘敵右跨，而後反擊（圖4-104）。

　　左蹬一跟，即左擦腳結束後腳不全然落地，身體向左轉180°，左腳尖點於右腳內側。兩手相交腹前，提起左腳以腳後跟內側蹬出與腰平，兩拳同時向身體兩側逆順纏迸出。又曰：全憑一木上沖天。從八卦方位來講，一木之意為震，震為木，為右腳獨立在下之意。

　　正如陳鑫五言俚語所云：

　　　　左腳朝上踢，局外皆不識。

爾禧只一下，隨即命歸西。

第三十三式 前趨拗步

蹬跟之後，左腳漸而落地，其他動作及要點皆
與第十一式拗步相同。

第三十四式 擊地捶

東蹬之後莫稍停，自動彈收入界中。
腳跟著地漸踏平，五趾抓地湧泉空。
右腳蹬地重心移，兩臂翻轉莫遲疑。
腰勁下塌向前催，塌掌坐腕向前推。
右腳提起續向前，右下左上同相連。
左腳兩次向前上，二次斜踏東北方。
如若有人從後摟，身體左轉發後肘。
順式發出右栽拳，左右兩側皆不閑。
轉過臉來向東看，鬆胯回肘望敵男，
此為雙閃連環肘，不擊皆可順其柔。
又曰：
連三趕步腰腳健，深入虎穴用手探。
轉身出手向前撅，此乃神土一把獻。
放開大步向前貪，一捶擊敵命歸天。

圖4-105

●注釋●

【動作一】接上式，前拗兩步，重心移至右腿，同時提起左腳向隅角西南方向上一大步。在上左步的同時，右掌下行經右膝前向右外撥，左手由下向上屈臂於左側前，眼視左側（圖4-105）。

【動作二】接上式，鬆左胯，重心左移，在移重心的同時，左肘從左膝下繞過，繼而向左後斜上發肘，右手隨之，由掌變拳向左側前發下栽拳，直指彼小腹處。同時左肘可向左後發後肘（圖4-106、圖4-107）。

圖4-106

圖4-107

圖4-108　　　　　　　　圖4-109

【動作三】接上式，鬆右胯，給左胯，身體右轉，重心左移，左移重心的同時，兩臂左下右上，左拳隨之下插於左腿外，右臂屈肘向右後斜上發肘，並有順肩向左側滑引之意（圖4-108）。

【動作四】接上式，右拳向下發栽拳後，可順式在地下抓一把土，然後隨向右側轉體時，向右前方拋出，其意是指對方眼睛（圖4-109）。

左蹬跟之後，兩腳轉換向前上步，左三右二，同時兩手由兩側起上接下撥。待左腳上到第三步時，腳踏西南方隅角，身體俯下左轉，在左轉的同時，左臂向身後偏上發肘，右拳發斜下栽拳。

此式身法較大，上步速度比其他式較快，因左蹬跟將敵蹬翻在地，趁敵身未起，速貪躍前上，一捶下擊制服來敵。在演練時要求身法較大，捶下擊直至地面，故曰擊地捶。

此種捶可連環發擊，此起彼落。若發擊地捶時，彼從身後抱住我腰，我則可隨拳左右下擊，肩向左右兩側滑引，兩肘輪流後擊，即引即擊，故也可曰雙閃連環肘。

擊地捶又稱神仙一把抓，是形容在危急中速彎腰在地上抓一把土，起身回頭向敵撲面拋去，轉危為安取勝之意。

總之，擊地捶（或神仙一把抓），雖拳、肘是向前後兩側發擊，但其勁實是合二為一，一氣貫通，則不可視為二也。

第三十五式　踢二起

敵按我背向下合，旋臂右轉向後發。
發過轉體一百八，左腳內旋右腳擺。
中氣上領身莫偏，右跟後擺意在先。
轉體正西右腳點，兩臂隨轉兩側開。
左上右下屈兩旁，雙腿下蹲周身合。
右腳蹬地躍上天，雙手前後形似鞭。
左後右前不停留，右手右腳拍在空。
左腳先起誘敵來，二起連環妙中玄。
雙腳躍地騰空起，全憑太極真精神。
精神提起聞空聲，躍踢雙腳空中懸。

圖4-110　　　　　　　圖4-111

●注釋●

【**動作一**】接上式，鬆右胯，重心左移，身向右轉至面向西，在向右轉的同時，兩臂隨之左上右下，左拳內合微裡扣，做好右側的輔助工作。右臂以右拳背外側為主向右下發砸拳，直指彼臂或腹部（圖4-110）。

【**動作二**】接上式，重心右移，身體右轉，左腳提起向左前方直：踢（彼胸腹處），在前踢的同時，左臂略前伸，右臂向右後伸（圖4-111）。

【**動作三**】接上式，左腳踢後繼而回收身體速向左轉，在左轉的同時，右腳蹬地而起向右前方直踢。兩手由拳變掌，各在身體兩側劃弧，左掌由前向下然後伸，右掌由後而上，然後向右前伸與右腳面相拍合。此式為高踢法，指向彼胸和咽喉，右下拍指向彼頭頂或蓋其面部即可（圖4-112）。

圖4-112

擊地捶將終，我即身向右轉發肘。使敵人順肩向左方跌出後，隨即身體右轉180°。然後右腳隨之向後擺劃弧（以腳後跟為擊點），腳尖點於右前方。繼而在重心右移的同時左腳跳起，右腳隨之蹬地上踢與右掌在空中拍擊。因左右兩腳先後躍起離地數尺上踢，故曰踢二起，又曰二起腳。

正如陳鑫俚語所云：

中氣提來脅力剛，連環二起上飛揚。

若非先向東伏脈，西擊何能過鼻梁。

第三十六式　護心拳

右腳落地左腳跟，雙手向前齊並進。

兩手形成大捋勢，以腰為界上下分。

左手向外逆纏進，右手屈臂向外掤。

左跨右跟虛點地，平捋雙手緊連隨。

插襠引進右腿伸，轉身肘從膝下運。

擊過內旋屈腰間，心氣下降襠開圓。

圖4-113　　　　　　　　圖4-114

右肘順纏蓄肋間，抖肩發勁催向前。

勸君發力莫前貪，彈抖只在一瞬間。

●注釋●

【動作一】接上式，二起腳之後，左先右後兩腳相繼落地，繼而右腳向右側前隅角東南上步，左腳隨之提起前上，以腳尖點於右腳內側，同時兩手右前左後向身體右側按擊，眼視右前方（圖4-113）。

【動作二】接上式，重心完全移於右腿，提起左腳向左側後隅角西北跨步，繼而重心左移，在移重心的同時，提起右腳向左側跨步，以腳尖落地，點於左腳內側，雙手在移重心、提右腳跨步的同時，左逆右順纏向左側將彼挒出（圖4-114）。

【動作三】接上式，挒終若彼抓住我右手腕，

圖4-115　　　　　　　　圖4-116

我則身體右旋，右腳隨之向右側南方跨步，右手先逆纏經胸前斜下插，繼而向右後，待右手纏到九分時，身體速向左轉變順纏向上，即可解脫。左手在右手向下逆順解脫時，先上然後經胸前向左側斜下插，作為右側的輔助（圖4-115）。

　　【動作四】接上式，繼而鬆右襠，身體右轉，雙臂左上右下轉，在旋轉的同時，右肘隨身體下俯發後靠勁（圖4-116）。

　　【動作五】接上式，靠勁發畢，右拳先逆後順轉，然後立肘蓄於右肋處，左手下落屈臂外掤，拳心向內，繼而鬆左襠，身體左轉，右臂以立肘向前催發，直至對方胸腹（圖4-117）。

　　踢二起之後，左右兩腳先後落地，右腳隨之上前，左腳隨之前上點於右腳內側，雙手同時在身體右側變成捋狀。在向左捋時，左腳向後方倒跨一步，繼而右腳隨之提起跟步，腳尖點於左腳內側。

待右手捋到身體中線時右
手向上，然後左劃弧變
拳。在右手劃弧的同時，
右腿提起向北方伸出，身
體上下形成對拉之式。此
為插襠引進之法。

圖4-117

之後重心右移，右臂
變屈肘，以肘從膝下繞
過，有靠擊之意，手腕漸

漸內旋，然後徐徐上升，屈合於右肋處。在右肘下
旋時，左掌變拳豎立於身體左側。接著右肘向前發
勁，同時左拳向右，然後下落藏於肘下，肘則在胸
前略偏右。此招既能護敵進侵我身，又能護胸，故
曰護心拳。

第三十七式　旋風腳

右腳提起向外擺，坐盤西北背向南。
兩手相交在胸前，雙臂外掤內撐圓。
左腳飛起平身轉，手腳拍擊在空間。
腳手空旋速如雷，頓時空中血腥飛。
起腳身體需中正，獨立兩臂求平衡。
中氣下塌莫上提，骨節舒展旋轉利。
太和元氣貫周身，久練精巧妙如神。

●注釋●

【動作一】接上式，鬆左襠，身體略左轉，然後右轉，在右轉的同時，雙手右前左後向右側按擊。此式與護心拳動作一用法相同。

【動作二】接上式，鬆左襠，身體左轉，在左轉的同時，雙手向左側平捋，使彼向左側後跌出，此式與護心拳動作二相同。

【動作三】接上式，提起右腳向右外擺，在外擺的同時，雙手由捋變右上左下交叉，然後身體即向右旋轉，即旋即蹲成坐盤式，面向北，雙手隨著下蹲變漸而外掤（圖4-118）。

【動作四】接上式，身體略上起，同時提起左腳上踢，然後隨著身體右轉扇形擺擊彼背部，雙手隨著右轉向兩側平伸，左手以掌心在空中橫掌擊彼胸或面部，二勁相遇成反叉一開一合，但實為一勁（圖4-119）。

圖4-118　　　　　　圖4-119

第三十八式　右蹬一跟

旋風腳之後左腳落地，繼而右腳提起，兩掌變拳合於胸前，左腳五趾抓地（獨立支撐全身重量），右腳側腳平蹬，同時兩拳向身體兩側平行螺旋外逬，故曰右蹬一跟。

其技擊要點皆同左蹬一跟。所不同的是：眼視方向；左右之別；右蹬一跟之後，身體右轉的同時加斬手。可參閱左蹬一跟一式。

正如陳鑫俚語所云：

眼前壁立巍天關，劍閣中空谷口間。

若遇英雄初到此，一腳踢倒萬重山。

第三十九式　掩手肱拳

右蹬之後斬手，斬畢右腳落地，雙臂內合，其動作方法及要點請參閱第十五式掩手肱拳。

第四十式　小擒打（又名小擒拿）

敵抓我手莫慌張，先泛後沉拳上揚。

右腳前邁拳上衝，身蹲腕切自然鬆。

揚掌接住敵右手，左腳前上後變弓。

手臂合住周身扣，拿彼骨節鎖勁路。

右引左掤亮起肋，一掌下坐敵命休。

一陣東攻一陣西，西而又西奇更奇。

至此始知擒拿勁，含蓄扣合皮毛弓。

忽順忽逆聽彼勁，兼施並用才算精。

雖然此招如此用，不下苦功絕不行。

●注釋●

其一，小擒打：

【動作一】接上式，掩手肱拳之後，若彼抓住我右手腕部，我右肘先略向上泛，繼而下沉。在下沉時右腳隨之前上，以腳後跟先落地，同時右拳先逆纏略下，繼而順纏隨沉肘而上起，左手前上搭於右臂，然後含胸塌腰，沉肩墜肘，下切解之（圖4-120、圖4-121、圖4-122）。

【動作二】接上式，解脫被彼抓之手後，我速

圖4-120

圖4-121

圖4-122　　　　　　　圖4-123

上左步，右手輕抓彼
腕向我右側捋，繼而
左手將彼右臂掤起，
在一捋一掤的一瞬間
右掌前上直擊彼胸
腹處（圖4-123、圖
4-124）。

其二，小擒拿：

圖4-124

【**動作三**】接上式，如待彼抓我腕解脫畢，
我速抓住彼手指速上左腳，左臂前伸，將彼右臂
置於我左小臂或大臂之上，然後我合勁拿之（圖
4-125、圖4-126）。

所謂擒打是指我以左臂上掤住彼右臂不得下落
之時，臂上架，其肋必張，我則乘機用右掌擊之。

所謂擒拿，解脫之後，我抓住彼手指，將彼臂

圖4-125　　　　　　　　圖4-126

放置我大臂或小臂處即可，我則合勁拿之。

六言俚語有云：

上式演手最紅，況兼以奇決勝。

心手眼腳一氣，故被我擒預定。

七言俚語有云：

右腳跟隨左腳前，左腳抬起再往前。

左手提起似遮架，右手一掌直攻堅。

第四十一式　抱頭推山

身體右轉右腳收，雙手相交面向東。

左腿屈膝向下蹲，雙掌膝下兩側分。

含胸束肋合中開，眼睛斜視望右邊。

提起右腳側向伸，重心由左向右移。

周身蓄含合住勁，由下向上斜線推。

向前跳躍騰空起，輕落著地疾速進。

騰空頓步連推山，周身完整氣達腕。

欲想有力須合併，更須留心腰脊間。

●**注釋**●

【**動作一**】接上式，身體略左轉，右手前上與左手交叉，左上右下。繼而身體右轉，同時提起右腳點地，面向東北，然後左腿下蹲，雙手從膝下向兩側分開，漸而合於兩耳旁，在兩手內合時提起右腳側向懸於襠內（圖4-127）。

【**動作二**】接上式，右腳在上提的一瞬間側向下踹，直至彼膝和小腿處。右手可隨之逆纏前擊。但在下踹時要求勁短、速、快、整，切不可貪長，長則易失式（圖4-128）。

【**動作三**】接上式，如不發踹腳，右腳向右跨

圖4-127

圖4-128

圖4-129　　　　　　圖4-130

步，然後鬆右胯，給左胯，重心右移。在右移重心
的同時含胸、塌腰，氣向下沉，兩手隨之合勁向
右側前斜上，向彼胸腹處推出，勁達兩掌根（圖
4-129）。

【動作四】接上式，此式與動作三不同的是，
雙手從膝下分開，然後向兩側伸展繼而內合時，左
腳提起蓋於右腿上，待左腳落地後，右腳繼而提起
向側方跨步，待右腳落時雙手疾速向右側推出。

【注意】蓋步跳躍抱頭推山是中身法（圖
4-130）。

【動作五】接上式，小擒拿之後，膝下分合於
兩耳旁，其要點皆同前。所不同的是：雙手從膝下
向兩側分時，右腳隨之即分即提，待右腳提到所需
位置時，兩手正好合於兩耳旁，繼而跨步推掌，左
腳隨之疾速緊跟發頓步。演練時頓步和推掌的發擊

點要同時到位
（圖4-131）。

圖4-131

　　抱頭推山是一種形象的說法。小擒拿結束後，兩手相交，繼而轉體面向東北；同時身體下蹲，兩手在膝下向兩側分開，合於兩耳旁形似抱頭式，在重心右移的同時，雙手向右前斜上推出，形容像大山一樣，也能將其推出，有意堅、果斷、不示弱之意。

　　抱頭推山有三種練習方法：其一，上右步直推；其二，繼而跳躍推；其三，也可頓促步坐掌。跳躍用法是彼離我距離較遠時用之。頓促步是小身法，發擊靈敏多變，勁短速快衝擊力大。

　　正如陳鑫俚語所云：

　　　推山何必上抱頭，懼有劈頂擄上游。

　　　轉身抱首向前進，推倒嵩岳蓋九州。

第四十二式　六封四閉

　　抱頭推山之後，下連六封四閉，與第五式六封

四閉動作要點相同。

第四十三式　單　鞭

接上式，六封四閉之後單鞭，與第六式動作要點相同。

第四十四式　前　招

眼顧右手是前招，上領下引把客邀。

先左後右左腳跟，左下右上向外分。

上下相隨步法敏，手腳運行皆需齊。

任敵四面來侵犯，手肱抖發顯神威。

●注釋●

接上式，單鞭之後速鬆左胯，身體左轉，同時右手由右向下引之，待右手行至身體中線時，鬆右胯，給左膝，身法右轉，以右臂向右外掤起。在右轉的同時，左腳隨之前上，以腳尖點於右腳內側（圖4-132）。

圖4-132

演練前招時欲動眼看其右手，如有人

從東來取我右手或制我胳膊，我即隨之向下劃弧，然後轉一小圈以手與肱肩擊之。

因單鞭時左為主，右為副，右為後，左為前，突然東邊又有敵來侵，速轉體換招右擊，副變主，後變前，故曰為前招。運用此招，要做到手疾眼快，遲則恐受人制。待右手向下引時，腰襠俱下，上體才能周轉，自然活動，下體靈活屈伸，自然容易。

至於左手，若右手下引，左手則上領，右手上起外發，左側由上而下落於左側前，兩手雖一上一下，但實為二勁歸一。

第四十五式　後　招

前招已過面向北，又有敵人左邊侵。

不負素日功夫厚，幾乎腦後被人襲。

轉身眼望向北招，莫非皆是小英豪。

憑我修煉數十年，功在何怕眾爾曹。

●注釋●

接上式，身體繼續右轉，重心完全移到右腿，然後提起左腳向左側跨步，身體左轉，右手弧線下合，左手提起，協同右手發捋蓋勁向左外。在向左擊的同時，右腳隨之左跨，以腳尖點於左腳內側，

圖4-133

但也可發左背靠（圖4-133）。

演練後招時，假設前招將終，又有敵從北面來侵，如何抵禦？我身陡然轉過頭向北，左腳向北跟步，以左手與左肱接住敵手，先引一小圈，然後用手和肱或肩向北擊之或掤出，因右先左後，故曰為後招。但在未擊之前須先屈肘，若肘不屈，手不引何以擊敵。千言萬語難訴其妙，只有平時自己多下工夫方可。練拳時雖是獨自空轉，但應精神貫注，有身臨禦敵之感，久練才能融會貫通。

正如陳鑫俚語所云：

陡然一轉面向東，無數敵人來進攻。

若非此身靈敏極，幾乎腦後被人擊。

第四十六式　野馬分鬃

耳聽身後眼望前，顧視右左且莫閑。

臂手皆可運上勁，頂勁上領精神貫。

兩手外撥旋如飛，中氣一線無偏倚。

任他四面圍無懈，左右連環破敵陣。

猶若身入萬人中，身邊能有幾敵雄？

螺旋纏絲助左右，飛速發擊建奇功。

左接右插入襠中，襠催臂抖飛上空。

右接左插皆相同，上下氣機莫停留。

抖發乾脆莫惜憐，錯過此機空遺憾。

●注釋●

【動作一】接上式，身體右轉，重心右移，兩手右上左下。這是為野馬分鬃打好基礎的過渡動作。若敵出左拳侵我，我則以左手接住彼向左後引，然後重心左移，提起右腳前上插於敵襠內，同時右臂緊貼敵胸（圖4-134）。

【動作二】接上式，重心右移，身體右轉，在移重心和轉體的同時，右臂或肩向右擊之（圖4-135）。

圖4-134

圖4-135

圖4-136　　　　　　副圖4-136

【動作三】接上式，右肱發畢重心右移，若敵從左側出右拳，則與右側接手方法動作要點皆同。不同的是，如敵出右拳擊我，我則用左手將彼右手接住，然後向左邊引，繼而上右步，右手隨之一齊插入彼襠內，向上將彼領起向身後擲出（圖4-136、副圖4-136）。

野馬分鬃是大鋪地身法的一種特殊演練方法，欲進時頂勁領好，兩腿屈住，襠勁要開得虛圓，然後左右分撥前進，形似馬跑分鬃一般，故曰野馬分鬃。值得一提的是，將彼領起向身後擲出一動，難度較大，練習純熟後方可運用。

正如俚語所云：

兩手握地轉如飛，中間一線貫無倚。

任他千軍圍無蟥，左右連環破敵欺。

第四十七式　六封四閉

●注釋●

【動作一】接上式，野馬分鬃之後下連六封四閉。此式六封四閉與前六封四閉不同的是，兩将之後復歸六封四閉，鬆左胯，給右胯，重心左移，同時右手前上與左手構成将勢，繼而鬆右襠，身體右轉，兩手隨之將彼将趴於地（圖4-137）。

【動作二】接上式，如左側前又有敵來侵我，我速向左轉體，重心左移，同時左手先上接住敵手向下将，右手隨之前上搭於彼大臂或肘關節，隨著上右步身體左轉，一齊向左側将採於敵。

此式與第五式六封四閉搭手将相同，只是上步轉體有所不同（圖4-138）。

圖4-137

圖4-138

第四十八式 單 鞭

與第六式單鞭動作要點相同。

第四十九式 玉女穿梭

一引一合身下蹲，兩手上托雙腳震。
再次上托領起腿，腳蹬旋背右掌推。
右掌收回左掌擊，捷步跳躍一整圈。
騰空而起速要快，破敵之後落地輕。
眾說一人不抵眾，唯我天生神氣勇。
其膽剛強非他比，練習純熟方無慮。
旋轉帶擊出眾圍，猶如織女弄梭機。
連環出掌誰能比，縱騰神行自古稀。

●注釋●

【動作一】接上式，單鞭之後鬆左胯，給右胯，身體左轉，同時右手向下引，與左手構成合擊勁相交，然後身體右轉，右腳尖點地，面向東，兩手隨之右前左後屈肘豎掌於身體右前方（圖4-139）。

圖4-139

圖4-140　　　　　　　　　圖4-141

【動作二】接上式，身體下蹲，含胸、束肋、沉肩、墜肘，兩手隨之左順右逆纏下按，待按至所需位置時，速變左逆右順上托將中氣領起，兩腳蹬地上躍。繼而左先右後兩聲連響震腳落地，兩手隨之下按，重心完全移至左腿，雙手再變左逆右順領著右腿向上起，待雙掌托至與胸平掌心向上時身體左轉，左手順纏屈臂向左後開肘，右手逆纏向前發推掌。在發右掌的同時，右腳向前發側踹腳（圖4-140）。

【動作三】接上式，右腳落地，身體右轉，左腳蹬地躍起，隨左掌前推同時前上。在左掌前推時，右臂屈肘向右後擊肘，成面南背北（圖4-141）。

【動作四】接上式，身體右轉180°成面向北。右轉時右手領住右腳向外旋擺，旋於襠內，右

圖4-142　　　　　　　　圖4-143

手變半握拳屈肘橫於胸前，左臂內屈，掌貼在右小臂外側的一瞬間震腳發順攔肘（圖4-142）。

【**動作五**】接上式，提起右腳向右外開。在右腳欲落地時，雙肘向兩側開擊穿心肘，右主左副，左腳可促步相隨（圖4-143）。

單鞭之後，雙手下沉，合於胸前相交，右外左內，隨身體右轉面向北，雙腿屈而下蹲，兩手在身體下蹲的同時向下按，繼而上托，右腿隨之提起，隨即左腳蹬地向上躍起，接著下落成雙震腳。同時雙手下按發勁，之後兩手再次上托領起右腳向身前平蹬而出，兩手在胸腰的配合下右手向前推掌，左臂向後發肘。待右腳平蹬落地後，左腳隨即蹬地躍起，左手隨之向前發掌，右臂內屈向後發肘，待左腳落地後再向右轉180°面向北。玉女穿梭經過三次旋轉達360°，復歸原方向面向北。由於在行進間

兩手右前左後，左前右後，更迭循環，一來一往形似穿梭，故曰為玉女穿梭。

正如陳鑫俚語云：

　　天上玉女弄金梭，一來一往織綾羅。

　　誰知太極拳中象，兔走鳥飛難奈何。

第五十式　懶紮衣

●注釋●

接上式，雙肘開畢重心左移，兩手在身體兩側劃弧，在右臂內合前伸時，右腳提起向右外跨步，左臂內屈，掌心向外，以大拇指搭於右大臂上，周身上下成引進欲發之式。其他動作及要點與第四式相同。

第五十一式　六封四閉

與第五式六封四閉相同。

第五十二式　單　鞭

與第六式單鞭相同。

第五十三式　雲　手

與第二十八式雲手相同。

第五十四式　擺腳跌叉

插步雲手已練完，右腳點於左腳邊。
精神貫注腳踏穩，右側飛起扇形腿。
兩手空迎劈啪響，望而生畏神鬼驚。
懸而不落待時機，下跌踩碎腳骨肌。
上驚下取君須記，金鉤掛玉莫遲疑。
右腿一擺已難猜，一腳掃倒鳳凰台。
浩然之氣運吾身，任他四面圍來敵。
手腳飛起齊橫擊，手停腳落事皆齊。
手合腳震精神聚，全憑元氣包身區。
左腳擦地蹬自利，右股屈住膝挨地。
左拳上衝右拳助，頂勁領住一躍起。
抓我左拳不要緊，右拳直擊下頜肌。

●注釋●

【動作一】接上式，雲手雲到第三次時，右腳虛點於左腳內側，兩手下落左前右後，掌心向左，繼而重心右移，身體右轉，兩手隨之由左而上，然後右後将，在右轉的同時左腳前上，繼而重心左移，同時右腳前上跟步虛腳點地，眼視右側（圖4-144）。

【動作二】接上式，重心繼續左移，身體先左

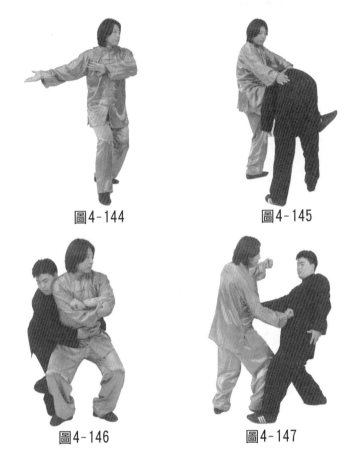

圖4-144　　　　　　　圖4-145

圖4-146　　　　　　　圖4-147

後右轉，在左轉的同時，右腳向左前上踢起，繼而
向右側擺腰或擺背部，兩手左先右後在空中相繼拍
擊，指向是彼面部或胸部（圖4-145）。

　　【動作三】接上式，擺畢右腳先懸於襠內，
繼而下踩彼腳面，右拳皆可斜上穿擊彼胸腹（圖
4-146、圖4-147）。

　　【動作四】接上式，重心繼而移至右腿，然後

圖4-148　　　　　　　　圖4-149

屈膝下蹲，左腳提起向左側前蹬出，漸而下落，雙腿先著地，隨左腳前蹬，兩拳向兩側前後分開（圖4-148）。

【動作五】接上式，如彼從我右側來侵，我速向右側轉身，雙手按地以左腿向彼掃之，一舉取勝（圖4-149）。

演練擺腳時要待雲手方終，右腳點於左腳內側，而後隨即向左上踢起，繼而右擺與兩手在空中拍迎。此招既有橫擊之意，回頭又有邁頭掃雪之妙用。

擺腳方終，兩掌變拳在胸前相交，右腳擺後懸而不落，然後向下跌腳，繼而屈膝下蹲變實腿，同時左腳提起向前伸出，使雙腿內側全然著地，此謂「跌叉」。在左腿提起向前時有前蹬擊之意，而跌叉又有誘敵之意。

正如陳鑫俚語所云：

　　一木能支廣廈傾，上抬左腿一劍橫。

　　左右兩手左右擊，先置死地後求生。

　　上驚下取君須記，左足擦地蹬自利。

　　右股屈住膝挨地，盤根之中伏下意。

　　陰陽變化真無窮，只說英雄遇匪攻。

　　誰料妙機難預定，解圍只在一蹬中。

　　果能太極仔細研，絕處逢生自不難。

　　天下凡事皆如此，非徒拳藝令人觀。

第五十五式　左右金雞獨立

　　縱身左拳向前衝，右拳伏下輔左動。

　　左拳前上對下額，右拳繼後直攻胸。

　　左手下捶指向前，金雞獨立穩如盤。

　　上托下按左右連，何知右膝空中懸。

　　金蛇抬頭向天望，忽然飛起似鷹揚。

　　只說右手衝上去，誰知暗膝也難防。

　　右腳下落左腳懸，上伸左掌蹬朝天。

　　英雄若會其中意，金朝循環一脈傳。

●注釋●

【動作一】接上式，跌叉將終，左拳領勁，右

圖4-150

圖4-151

腳蹬地一躍而起，在右腳右拳前上時，左拳變裡勾直擊敵下頜（圖4-150）。

【動作二】接上式，左拳上擊，如敵抓住左手，我即右拳前上直擊敵胸（圖4-151）。

【動作三】接上式，我若右拳不擊彼，即可逆纏向上托掌直擊敵下頜，同時右膝提起上撞彼襠部（圖4-152）。

圖4-152

【動作四】接上式，托撞畢，右腳下落震腳踩彼腳面，同時右掌下按於右腿外側。然後重心先右移，繼而左移，在左移重心的同時，雙手由右向上接住彼臂向左側發平捋勁

（圖 4-153）。

【動作五】接上式，捋畢，兩手向左旋，然後向後旋，待左手行至左胯處時，變順纏領著左腿向上托掌，撞膝技擊用法和右側相同。

圖4-153

【注意】凡上托一側以腰為界，上下有對拉之意。另一側蓄合，穩固好重心，對另一側起輔助作用。

第五十六式　倒捲肱

與第二十一式倒捲肱要點皆同。

第五十七式　白鶴亮翅

與第二十二式白鶴亮翅要點皆同。

第五十八式　斜　行

與第二十三式斜行要點皆同。

第五十九式　閃通背

與第二十四式閃通背要點皆同。

第六十式　掩手肱拳

與第二十五式掩手肱拳要點皆同。

第六十一式　六封四閉

與第二十六式六封四閉要點皆同。

第六十二式　單　鞭

與第二十七式單鞭要點皆同。

第六十三式　雲　手

與第二十八式雲手要點皆同。

第六十四式　高探馬

與第二十九式高探馬要點皆同。

第六十五式　十字腳

兩手相交右側旁，左掌向外右掌揚。
大開大合右轉擊，提起左腳往前上。
重心左移身隨轉，肘底七寸別有方。
右拳內屈左肘下，右腿提膝半空揚。
繼而右腳飛左上，左手擊打鬼難防。
左腳蹬地身躍起，轉體面向東北方。

左擦右斬速如風，左起右落十字形。

●注釋●

【動作一】接上式，高探馬之後，兩手在胸前相交，繼而重心移至左腿，右腳尖翹起向右外擺，兩手隨之在身體兩側劃弧變左上右下面向西，提起左腳向西南方上步，重心左移。在移重心的同時身體下俯，肘從膝上繞過時發七寸靠，徐徐上起屈臂豎掌於左側下採，同時右掌接住彼手由上而下順纏落於身體右側（圖4-154、圖4-155）。

【動作二】接上式，重心完全移至右腿，在移重心的同時右腳向左側上踢起，在空中改變方向變扇形向右，直擺擊敵腦後，與左掌撲面相互合擊。在實戰中此種擺法可以高、中、低並用，掌法基本不變，高於腦後，中於腰，低於腳後跟和小腿皆可。應視敵方向、角度而論，演練時宜高不宜低，

圖4-154　　　　　　　　圖4-155

圖4-156

因高降低則能靈活多變，低升高則勉強，呆板，不易（圖4-156）。

【動作三】接上式，身體向右旋轉，在右轉的同時，兩手左上右下在身體兩側發斬手，繼而左腳躍地而起，右腳下落成十字相交，左腳向左側前上，兩手先合後開，繼而再合，左手屈臂豎掌於左側前，右拳蓄於右肋處。

第六十六式 指襠捶

指襠欲發面東北，擰腰抖肩下栽捶。

移重發擊同到位，前拳後肘勁須齊。

●注釋●接上式，鬆左胯，給右胯，重心左移，在移重心的同時，擰腰、抖肩發勁，左肘斜後上發肘勁，右拳直指彼小腹擊發，眼視左前方（圖4-157、圖4-158）。

第六十七式 猿猴探果

擊過小腹不算完，抓住吾手不相干。

圖4-157　　　　　　　　　圖4-158

沉肩右肘向上泛，先逆後順向前探。
右腿隨拳一齊上，送桃入口誰敢嘗。
一木豎立頂千斤，肘膝相隨就屈伸。
身分兩截有上下，拳擊下頦膝撞陰。

●注釋●

接上式，指襠完畢，如彼抓住我右腕，我則先右後左轉，速逆纏屈肘上翻，繼而順纏、沉肩、提拳、上衝，直擊彼口或下頦。在右拳上衝時，右腿隨提膝上撞彼陰部或小腹處（圖4-159）。

圖4-159

　　演練者在斬手之後，左手立掌右側前，右掌變拳於肋間，重心前移，拳向襠部擊打之後，右肘先逆纏再順纏，上衝直擊敵下頜或口，拳形似仙桃送入敵口，在右手上探時右膝隨即提起撞敵人陰部。

第六十八式　六封四閉

●注釋●

　　【動作一】接上式，探果完畢，右腳繼而落地，右拳變掌，左拳變掌右上與右掌構成欲将之勢，繼而鬆左襠，身體左轉，兩手隨之向左側将。此是小身法平将（圖4-160）。

　　【動作二】接上式，待右手将到身體中線時，鬆右襠，兩手隨之右按，同時左腳後跟走弧線向外擺擊，虛腳點地。此式與第五式六封四閉要點相同。

圖4-160

第六十九式　單　鞭

與第六式單鞭要點皆相同。

第七十式　雀地龍

右腳落地屈膝蹲，左腳蹬地向前伸。
右臂微屈身坐地，腳尖蹺起兩臂伸。
未被人推身落地，為何下體落埃塵？
上驚下取君須記，轉體掃腿未摸清。

●注釋●

【動作一】接上式，單鞭之後，如有人制我左手或左肱，我即左臂內收，在左臂內收的同時，右刁手變拳向左斜上經左臂下前擊彼胸（圖4-161）。

【動作二】接上式，右拳在左臂下擊拳畢，繼而重心右移，身體下蹲，直至兩腿內側著地，同時兩手隨之左下右上向兩側展開，眼視左前方（圖4-162）。

【動作三】接上式，若我右側有敵偷襲，我速

圖4-161

圖4-162　　　　　　　　　　圖4-163

向右轉體，同時隨身體下俯兩手按地，然後向右側
發左掃堂腿（圖4-163）。

　　雀地龍又名鋪地錦。此式有誘敵之自身突然下
落，繼而轉體，雙手按地，掃堂金鞭掃群敵下　，
未發時兩腿一伸，兩翅展開形似臥地，故曰雀地
龍。

第七十一式　上步七星

　　　　頂勁領起精神貫，左衝右隨直向前。
　　　　重心前移襠領起，雙腿一躍離開地。
　　　　左拳前擊受敵阻，右拳隨之擊正中。
　　　　太極循環如弄丸，盈虛奧秘化波瀾。
　　　　豈知凡事皆如此，哪有奇方眩人觀。
　　　　人人各俱一太極，但看用功不用功。
　　　　只要日久能無懈，妙理循環自然通。

●注釋●

【動作一】接上式，雀地龍如不發掃堂腿，繼而左拳上領，兩福撐勁離地而起，左拳上衝變裡鉤拳直擊彼下頦，右拳隨之前上擊彼胸腹

圖4-164

處。此式與第五十四式擺腳跌叉要點相同。

【動作二】接上式，雙手相交，拳心向外，左外右裡，右拳腕部輕貼在左拳背外側，繼而含胸收小腹，雙拳由外向內旋轉，待轉到雙拳上升時變掌，繼而上右步，同時雙掌隨著呼氣向正前方發震掌於彼胸腹處（圖4-164）。

所謂七星拳是指雙腿鋪地躍起前上，兩拳在體前構成七字形，內旋變兩掌心向外，形似七星。

正如陳鑫俚語所云：

腳踢拳打下乘拳，妙手無處不渾然。

任憑四周皆是敵，此身一動悉顛連。

我身無處非太極，無心成化如珠圓。

遭著何處何處擊，我亦不知玄中玄。

總是此心歸無極，練到佛家一朵蓮。

功夫到此仍不息，隨心所欲意更堅。

第七十二式　下步跨虎

　　轉身向右發一肘，左腳點地合擊胸。

　　右腳獨立如泰山，左腳旋似跨虎行。

　　兩手平捋隨身轉，落腳背北面向南。

　　開中寓合大伸展，跨虎身牢襠開圓。

　　初練上場北為陰，落腳面南柔中剛。

●注釋●

【動作一】接上式，上步七星之後，身體先略左轉，右掌隨之向左上伸，左拳下落左腿外側，同時右腳向右側後跨步，然後身向右轉，右臂隨之下旋向右後斜下發肘，同時左臂內屈向上，對右側起輔助作用（圖4-165）。

【動作二】接上式，身體繼續右轉，重心右移，同時提起左腳點於右腳前側，在右移重心的同時，雙手左上右下向身體中線合擊於彼胸腹處（圖4-166）。

圖4-165

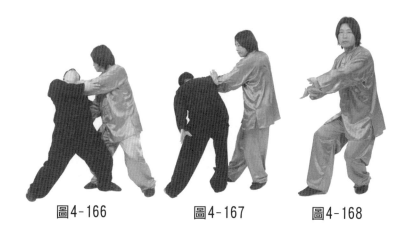

圖4-166　　　　圖4-167　　　　圖4-168

【動作三】接上式，若彼從左面擊我，我則不擊彼胸腹，速變向左轉，同時起右手接住彼臂，然後速向右轉，發右平捋勁於對方（圖4-167）。

【動作四】接上式，若無人，我則雙手領住左腳平身轉至面向南，左腳先著地，繼而重心左移，在移重心的同時右腳前上，虛腳點地，雙手向右後伸，周身勁蓄合，有欲發先蓄待擊之式（圖4-168）。

演練下步跨虎時，要在上步七星方終，雙手左下右上再變左上右下合擊後，身體繼續右轉，右腿穩固好重心，兩手上托領住左腿向右旋掃90°面歸南。此式由於雙手展開一腿騰空旋轉，速度較快，有身跨猛虎之式，故曰下步跨虎。

正如陳鑫俚語所云：

平分兩手泛輪尻，蠟縮微軀似嬰猴。

右手上驚山嶺壓，右肱下跨虎身牢。

又曰：

泰山壓卵居上游，乾錯為坤載地球。

乾卦中爻又一變，重離火耀碧峰頭。

第七十三式　雙擺蓮

左腳落地右腳跟，何故跟腳能稱心。

只要前上跟半步，遠離之敵難逃身。

邁頭掃雪雙手蓋，還須上下多留心。

卸掉上勁讓英雄，回頭反擊定成功。

●注釋●

接上式，重心完全移至左腿，同時右腳向左上方踢起，繼而向右外擺，在起腳時雙手前上，在空中與腳相拍合。具體運動路線和技擊要點與第五十四式擺腳跌叉相同。

雙擺蓮位置有高有低，擺腳乃有兩種之意：

一是飛起右腳在空中與左右手相拍合，擊打位置在胸以上；

二是雙手捋住敵手時切莫帶勁，身形帶著後退，敵必乘式前上。而我欲進發擊之腿，退而復

進，將右腳先稍上，然後右腳插入敵後，雙手上領，不加勁使敵無感覺。我隨即身向左轉，右腳後跟向上提，猶如金鉤掛玉，雙手隨身體一起下蓋，使敵魂驚魄散，無處躲避。

　　練此式時注意腳擺為主，手迎為輔。

　　正如陳鑫俚語所云：

　　　　右手上托倒轉躬，先卸右肱讓英雄。

　　　　再將兩手向左擊，左腳橫擺奪天工。

第七十四式　當頭炮

　　　　右腳落地左腿伸，雙手下捋貫精神。

　　　　太極相傳數百年，屈身引進意欲開。

　　　　屈膝下蹲周身蓄，當頭一炮擊頑敵。

　　　　弛張形跡皆有律，五穀日月補先天。

　　　　雙臂微屈半月圓，當頭一炮人仰翻。

●注釋●

　　【動作一】接上式，擺腳之後，右腳落地，左腳前上，雙手左先右後向左側掤出，繼而鬆右胯，身體右轉，重心右移，同時兩手隨之向右略偏下捋（圖4-169）。

圖4-169　　　　　　　圖4-170

【動作二】接上式，待左手捋到身體中線時，周身勁皆已蓄好，然後鬆左胯，給右胯，身體向左轉。在左轉的同時，雙臂左先右後以肱或拳向左前發擊，直指彼胸腹（圖4-170）。

演練當頭炮時應注意，在擺腳將終，右腳下落踏平，並屈膝下蹲，五趾抓地，隨即左腿前伸。兩手隨之合於胸前，周身上下蓄如開弓，繼而右腳蹬地，雙掌向前擊出。此時兩拳形似兩門大炮一樣猛烈，故曰當頭炮。

正如陳鑫俚語所云：

開闔剛柔順自然，一揚一抑理循環。

當頭一炮人難防，動靜開合太極拳。

又有五言俚語：

太極理循環，相傳不計年，此中有精義。

動靜皆無愆，收來名為引，放出箭離弦。

虎豹深山踞，蛟龍飛潭淵，開合原無定。

屈伸式相連，太極分陰陽，神龍變無方。

天地為父母，摩蕩柔與剛，生生原不已。

奇正不尋常，乾坤如豪篇，太極一大裏。

盈虛消息故，皆在此中藏，至終復自始。

一氣連弛張，有形歸無跡，物我兩相忘。

太極拳中路，功夫最為先，循序無躐等。

人盡百合天，空談皆漲墨，實運是真詮。

鳥飛上高天，魚躍下入淵，上下皆真趣。

主宰貴精研，若問其中意，道理妙而玄。

第七十五式　金剛搗碓

接上式，當頭炮之後，鬆右胯，給左胯，身體右轉，同時雙手上起，接住彼臂隨移重心向右側将出。其後動作要點、技擊用法與第三式金剛搗碓相同。

第七十六式　太極收式

●注釋●

【動作一】接上式，兩臂內屈，雙腕外開，繼而向上抬起，與肩同寬，兩掌心相對，然後握拳屈臂向下，經兩耳側下行於乳頭處，兩拳變掌向下。但應注意手向兩側分到變拳下降至乳頭處變掌時都

是吸氣（圖4-171）。

【**動作二**】接上式，鬆胯，屈膝下蹲，在下蹲的同時呼氣、含胸、束肋，氣向下降於丹田，然後起身收回左腳成立正姿勢（圖4-172、圖4-173）。

圖4-171

圖4-172

副圖4-172

圖4-173

副圖4-173

第六章

陳式太極拳老架二路俚語圖解

一、陳式太極拳老架二路簡介

陳式太極拳老架二路（以下簡稱二路），即陳式太極拳炮捶（又名炮拳），與陳式太極拳老架一路（以下簡稱一路）有著截然不同的特點和風格，難度也不同。

一路拳要求運動緩慢柔和，節節貫串，平穩舒展，以意行氣，輕輕沉穩運動，勁由內而外一動全動，身體中正安舒，上下一線協調平衡，處處不失其勢，是動中求靜、靜中猶動的高級活氣功，故練一路拳有練活樁功之說。

運動時以掤、捋、擠、按四正手為主，採、挒、肘、靠四隅手為輔。但二路炮捶要求勁力完整、速快、勇猛、活躍、敏捷，套路中的躥蹦跳

躍、閃戰騰挪、震腳發勁的拳式動作較多。它以採、掤、肘、靠四隅手為主，以掤、捋、擠、按四正手為輔。

另外，一路與二路炮捶在勁路的曲直纏抖方面也有所不同，一路的運動路線是走曲線，形成螺旋狀的弧線形和圓形——纏絲勁。

行氣時以意導氣，以鍛鍊纏絲勁為主。用意不用力，力求柔軟，由鬆入柔，柔中寓剛，剛中寓柔，但柔多剛少，形似外若處女，內似金剛，並以柔化為主，剛發為輔，形成走化沾黏連隨，以靜制動，以柔克剛，極為沉重而又輕靈敏捷多變。

而二路炮捶雖走曲線，但稍直，其勁力路線也是走螺旋弧線及圓狀，兩路相比較顯得炮捶圈小速猛，但確富彈性，力求堅剛，經過千錘百煉，達到前進、後退、閃戰騰挪、劈砍彈抖皆能隨心所欲。敵若剛於我，我則以柔克之；敵若柔於我，我則以剛克之，不假思索，遇隙即擊，一觸即發，如摧枯拉朽，無堅不摧，勢不可擋。

演練時盡力做到慢而不滯，輕而不浮，沉而不僵，快而不亂，速而不散。無論一路還是二路都要使周身各部位關節放鬆，發擊時必須快、猛、速、脆、整，不可僵直呆板。

二、陳式太極拳老架二路動作名稱

第 一 式	預備式	第二十一式	裹鞭炮
第 二 式	太極起式	第二十二式	獸頭式
第 三 式	金剛搗碓	第二十三式	披架子
第 四 式	懶紮衣	第二十四式	翻花舞袖
第 五 式	六封四閉	第二十五式	掩手肱拳
第 六 式	單鞭	第二十六式	伏虎
第 七 式	護心拳	第二十七式	抹眉肱
第 八 式	躍步斜行	第二十八式	左右黃龍三攪水
第 九 式	回頭金剛搗碓	第二十九式	左衝
第 十 式	撇身拳	第 三十 式	右衝
第十一式	指襠	第三十一式	掩手肱拳
第十二式	斬手	第三十二式	掃堂腿
第十三式	翻花舞袖	第三十三式	掩手肱拳
第十四式	掩手肱拳	第三十四式	全炮拳
第十五式	腰攔肘	第三十五式	掩手肱拳
第十六式	大肱拳	第三十六式	搗叉搗叉
第十七式	小肱拳	第三十七式	左耳肱右耳肱
第十八式	玉女穿梭	第三十八式	回頭當門炮
第十九式	倒騎龍	第三十九式	變式大捉炮
第二十式	掩手肱拳	第 四十 式	腰攔肘

三、陳式太極拳老架二路俚語 及技擊分解動作名稱

四、陳式太極拳老架二路技擊
動作俚語圖解

1. 二路動作示範，由長子王占海和徒弟張保忠示範演練，拍成照片，穿淺色衣服者為主，穿深色衣服者為副。不足部分動作示範由長子王占海演練補照。

2. 二路的開式是由金剛搗碓開始的。因一路收式是面向南，為半套拳，繼而演練二路，所以是直接由金剛搗碓開始，面南背北，左東右西。待二路練完面向正北收式後，一二路合歸才能算一套拳。

陳式太極拳老架二路的前五式與陳式太極拳老架一路的前五式動作要點相同，此處不再重述。

第六式　單　鞭

第七式　護心拳

移重心右撩左斬，提左腳右斬左撩。
一腿獨立湧泉空，一腳下垂襠內懸。
右腳蹬地空中躍，左腳下落十字交。
左插右引開中合，右腳外踏西南方。
左腳蹬地身右轉，俯身一靠人飛揚。

圖5-1　　　　　　　　　圖5-2

起身右拳肋間藏，蓄而抖發鬼難防。

●注釋●

【動作一】接上式，在單鞭成式之後，如有人從我身體兩側制我大臂，我即周身含蓄，重心略右移，兩臂略沉，繼而急速右撩左斬，在一瞬間變右斬左撩。在這迅雷不及掩耳的左右相互更換撩斬之下，皆能解脫彼兩側之抓按，同時也可以掌外側向下斬擊彼臂，又能以拇指根向上撩擊，左腳懸於襠內（圖5-1、圖5-2）。

【動作二】接上式，接著右腳蹬地躍起，左腳下落成十字相交，有下踩彼腳面意（圖5-3）。

同時右腳向西南方向伸展，有側踹之意，直插彼襠內或腿後，在伸展的同時左掌變拳向左下插，右掌變拳螺旋經右外向上，隨身體左轉成引進落空

圖5-3　　　　　　　　圖5-4

圖5-5　　　　　　　　圖5-6

之式，眼視右側（圖5-4）。

【動作三】接上式，兩拳左上右下隨重心右移擊肩靠（圖5-5）。肩靠發擊後肘蓄於右肋間，繼而擊立肘（圖5-6）。

所謂護心拳，顧名思義是以拳護己心之意，由於二路速度快，左右交叉更換比較複雜，所以演練時在每式運動過程中，要通過幾次擊技的反覆，最後達到本招式的定點。

第八式　躍步斜行

二次連環發撩斬，右腳前上左腳前。
躍步落地輕捷進，左腿隨之東北伸。
俯身下旋真氣運，肩肘發擊一瞬間。
不發徐徐向上抬，右手豎掌右肩前。
含胸束肋身左轉，右掌隨之向前按。
按至三分不可貪，肩肘隨轉向右開。
先肩後肘劈向外，周身相隨不可間。
兩襠開中且與合，兩腿合中且與開。
周身上下齊中正，內外六合扣如弓。

●注釋●

【動作一】接上式，護心拳之後，重心左移，
繼而提起右腳懸於襠內，在提右腳的同時，雙手
向兩側右斬左撩（圖
5-7），繼而右腳前
上躍步，右手隨之向
前接住彼手。然後左
腿隨之蹬地躍起前
上，向東北方向伸
展，在左腿前伸的同
時，左手前上豎掌下

圖5-7

圖5-8　　　　　　　　圖5-9

圖5-10　　　　　　　圖5-11

採，與右手構成捋採勁（圖5-8）。

　　【動作二】接上式，鬆左胯，俯身移重心下旋發左肩靠勁（圖5-9）。在發靠勁時右手立掌豎於右肩前，待靠畢沉肩墜肘提手時，右手在含胸、塌腰、坐腕的基礎上向前發按掌於彼胸腹處（圖5-10），繼而向右外側開，發肩、肘、手於彼（圖5-11、圖5-12、圖5-13）。

圖5-12   圖5-13

演練躍步斜行時，在護心拳之後，重心移於左腿成獨立步，右腳懸於襠內繼而前上，然後左腿隨之蹬地躍起，速向右腳前邁出直下斜行，故曰為躍步斜行。

第九式　回頭金剛搗碓

假若敵人從南來，右手落合左手開。

右上左下身右轉，轉體面向正西邊。

稍動左腳提起跟，虛虛點地要認真。

翻轉內含解脫意，解脫合拿在其中。

頓步發勁精神貫，兩臂上下齊外開。

右手領住再右轉，左腳獨立面向南。

右手發過裡鈎拳，含胸收腹膝提起。

周身欲動意在先，輕重適宜快慢兼。

右腳下跺則為虛，左腳實踏則為渺。

右拳落到左掌內，周身渾然太極象。

●注釋●

【動作一】接上式，躍步斜形之後鬆右胯，左腳蹬地，身體右轉，在右轉的同時右手下落內合，意欲將彼帶入懷中，在右帶的一瞬間，左手向右側前發推掌（圖5-14）。

【動作二】接上式，右腳提起經左側向右劃弧擺出，腳後跟先著地，在右腳外擺的同時，雙臂先交叉，然後左下右上向身體兩側發外掤勁。身體繼續右轉，在右轉的同時，左腳隨之前上，以腳尖點於右腳內側外，兩腳相距約40公分，在右腳前上的同時我右手接住彼手向下引，兩臂右下左上，然後左臂再向下相交於左腿外側。此時右腳平踏，屈膝下蹲，面向西側，雙手擒拿住彼（圖5-15）。

圖5-14　　　　　　　　圖5-15

圖5-16　　　　　　　　圖5-17

【動作三】接上式，若兩手左上右下分時，彼抓住我右手腕，我則速上左步，身體右轉，周身蓄合，繼而左手前上，搭於右小臂內側（圖5-16），然後右手逆纏向後，左手順纏向前，兩手形成一前一後開勁，皆能解脫彼抓之手（圖5-17）。

【動作四】接上式，身體繼續右轉，右腳跟提起，此時成雙腳掌著地。身體向右旋轉45°左右，在右旋的同時雙腳後跟同向左側發頓步，雙手也同時左下右上向外側發抖掤勁。

但應注意，右旋、頓步、掤抖應合歸為一勁，決不可分開，分則散之，然後才能漸而演練，達到完整一氣（圖5-18）。

【動作五】接上式，身體右轉，以手帶腳向後擺擊，各向外劃弧轉體面向南（圖5-19）。此時左腳成獨立步，右掌在上行時變拳弧線上擊，裡鉤

圖5-18　　　　　　　　圖5-19

圖5-20　　　　　　　　圖5-21

拳與右膝上提撞膝同時到達（圖5-20），然後右
腳下踩與右拳下落二勁合二歸一（此動作由始到終
共連續旋轉450°，圖5-21）。

　　金剛搗碓的金剛指無比堅硬，搗碓是指左手如
臼右手如杵，右拳落於左掌心內，猶如杵落臼之形
（杵臼是舊時期用石器所製，在生活中用來去掉公
尺皮的一種工具）。

第十式　撇身拳

　　右移重心左腳開，雙腕外突肘外翻。

　　雙掌變拳走螺旋，一上一下皆不閑。

　　上抬下插是解脫，右腳外跨引進來。

二腿叉開一公尺寬，重心分成三七偏。

　　大開大合中峰懸，周身骨節處處開。

　　右胯一鬆身下俯，先肩後肘人難走。

　　回頭重心向左移，二次將敵再引進。

　　擰腰旋膀肘外開，反背一靠再不來。

　　右拳護頭左護腰，俯身斜視戲腳尖。

　　雖然招式如此用，皆需千遍萬遍演。

　　功夫不純不熟練，被人一推躺塵埃。

●注釋●

　　【動作一】接上式，金剛搗碓之後如有人制我胳膊，重心右移，繼而提起左腳向左外開約30公分，在左腳外開的同時雙臂外開，雙腕外突，肘腕相繼向外發於彼（圖5-22）。

圖5-22

圖5-23　　　　　　　　　　圖5-24

【動作二】接上式，待雙腳向外開到所需位置時，右拳先上然後螺旋下插。在右拳向上時，左拳向左下插，然後走左外弧向上，繼而鬆左胯，在重心右移的一瞬間，繼而左移。在左移的同時，右拳由右向左上方引，同時右腳向右側跨步，左腳蹬地，鬆左胯，重心右移，身體向右側下俯，肘從膝下繞過發靠勁（圖5-23）。

【動作三】接上式，在重心右移的同時，左拳上起，鬆左胯，重心左移，左拳又於腰間，右拳走右外弧線，隨身體左轉經胸前引至左側上方。然後鬆右胯，左腳蹬地，重心右移，同時左肘內扣，右肘外擺發背靠勁。此時右拳、左肘尖、左腳尖三點成上下一線貫穿，眼斜視左腳尖（圖5-24）。

撇身拳又名庇身捶，撇指的是扭轉，庇是指左右兩拳在兩側相互兼顧掩護之意。但二路炮拳和一

路所不同的是，右肩和右肘向右後方快速直撇，在速度上也比一路快。

第十一式 指 襠

左護腰間右護神，上下左右不怕侵。
誰知左邊偏來敵，身體速轉重心移。
意在拳先精神貫，左臂逆纏發砸拳。
扭腰下砸力點清，唯有右拳反其行。
右腳提起向左上，左腳緊跟插後方。
右臂速上交前方，周身蓄合如弓張。

●注釋●

接上式，撇身拳之後，鬆左胯，給右胯，重心左移。在左移重心的同時開胸，兩臂隨向兩側上下開發，左拳逆纏向下翻背發砸拳於敵小腹或陰部（圖5-25），右拳順纏向右後發迸拳（圖5-26），

繼而上右步於左側前，同時右臂前上與左臂在胸前相交，右外左裡（圖5-27）。

但要注意在發砸拳時應扭腰旋背，身體向左轉、傾斜，兩

圖5-25

圖5-26　　　　　　　　圖5-27

拳以左拳為主，右拳為副，開胸砸拳都是在一瞬間的抖勁過程中完成的。

指襠，顧名思義，是在拳隨身體左轉時的一瞬間，翻拳下砸於對方小腹或陰部。

第十二式　斬　手

雙腕上下齊開切，解脫之後別有方。

未切心存雙重意，此招用過肘拳擊。

此式須求步法活，合柔解脫皆需剛。

周身含蓄意要張，斬勁宜短不宜長。

●注釋●接上式，指襠之後，待右腳落地後，繼而上左腳插於右腿後方的同時，左肘向後斜上開擊，右拳以腕內側直向下切，兩腕內側形成交叉開勁，以解脫敵抓我左手腕之手。但是應該注意開切

圖5-28

勁，雖是一上一下，而實是合二歸一開勁，要求速快、勁整、堅剛、完整一氣，否則就做不到乾脆俐落，即使能解脫開，也是拖泥帶水（圖5-28）。

發開勁時，兩腕部內側像刀一樣鋒利，斬切敵人抓我左腕之手，故曰為斬手。

第十三式　翻花舞袖

斬手完畢下招連，左發後肘右發拳。
左臂上領騰空起，落地直發右栽拳。
兩腳下落隅角站，上下左右皆相兼。
向右肩肘手三連，身法躍起腿收快。
右腳轉落左腳前，面向東北變東南。
蓄而待發眼望前，下招緊連掩手拳。

●注釋●

【動作一】接上式，斬手完畢，接著左肘向後發（圖5-29），右拳下擊彼小腿臁骨處，繼而左肘向上領起，身體隨之向上騰起，在空中翻轉270°下落，面向東北（圖5-30）。

圖5-29　　　　　　　　圖5-30

圖5-31　　　　　　　　圖5-32

【動作二】接上式，兩腳左先右後落地，右拳隨之直接向下發栽拳（圖5-31），然後隨即重心左移，提起右腳，後撤步震腳下踩彼腳面，落於左腳內側，兩腳相距30公分左右。待右腳落地時，左腳繼而向前上步，右拳藏於右肋處掩手拳待發（圖5-32）。

斬手之後，身體由下向上騰空而起，形似江河翻花。舞袖是古代人們穿著長袖衣服，在連續快速

運動時袖口在空中反覆飄蕩，翩翩起舞，故曰翻花舞袖。

第十四式　掩手肱拳

請參閱一路掩手肱拳，動作要點皆同。

第十五式　腰攔肘

> 重心左移右腳起，右臂內屈左臂伸。
> 右腳下落左步上，身體下蹲勁蓄合。
> 重心左移把肘發，抖勁擰腰斜上催。
> 左臂內帶與肘合，一帶一擊正相當。
> 步要過人如接吻，攔腰帶擊莫思索。
> 意在拳先精神貫，冰凍三尺非日寒。

●注釋●接上式，重心左移，隨之右腳提起，右臂內屈。同時左臂向左外伸展，掌心向內（圖5-33），繼而轉身右腳落地，左腳提起向左側前上步。然後鬆左胯，給右胯，在重心左移的同時，左手以掌心攔住對方腰部，速向懷中內帶與右肘前擊相拍合，直至彼胸腹處。

但應注意的是在發腰攔肘時，略有由下向上催發之意，這樣發擊才能使對方受擊後拔根而起，否則只能使對方倒退不及而躺地（圖5-34）。

圖5-33　　　　　　圖5-34

　　腰攔肘，顧名思義，就是欲發肘時，左手攔其後腰向懷中內帶，將彼帶至發肘所需位置時與右肘相拍合。

第十六式　大肱拳

　　左移重心腳外擺，右腳前上腳尖點。
　　右手隨腿前撩去，左臂由右向左旋。
　　重心右移湧泉空，屈膝微蹲襠要鬆。
　　提起左腳向外開，身體中正不可歪。
　　左腳外開臂下旋，左下右肱掤起來。
　　外開含有引進意，手肘肩腰有序連。
　　左移重心右腳插，兩臂反轉左臂開。
　　右掌內合有擊意，反其外行腰為先。
　　一跨一插左右練，兩臂分管各半邊。

圖5-35　　　　　　　圖5-36

●注釋●

【動作一】接上式，腰攔肘之後我以左手掤起彼臂，隨之重心左移，左腳尖外擺，繼而右腳前上以腳尖點地。在右腳前上的同時，右掌隨右腿前上發撩掌於彼襠內，如不擊可落於右腿外側，但意念中須有發前撩掌之意，同時左手經右側螺旋以大臂為主向左外掤出（圖5-35）。

【動作二】接上式，重心右移，五趾微抓地，湧泉穴要空，鬆胯，屈膝下蹲，繼而提起左腳向左外跨步。在跨步的同時，左手由上向下引落於小腹前，向下走的次序是以手隨肘，以肘隨肩，以肩隨腰，同時右臂經左側劃弧向右外開擊。外開的次序是以腰催肩，以肩催肘，以肘帶手（圖5-36）。

【動作三】接上式，待左腳落地後，重心左移，繼而提起右腳插於左腿後方，此時兩手可向

圖5-37　　　　　　　　　副圖5-37

左發挒勁。如不發挒勁，兩臂左上右下再將重心向右移，再跨左步，週而復始，左右循環演練（圖5-37、副圖5-37）。

　　所謂大肱，是以大肱外開為主，以小肱和手為副，拳在這裡是順音之意。

第十七式　小肱拳

　　三次東進大肱拳，重心左移右腳擺。
　　突然右側來偷襲，繼而轉體面向北。
　　右手先攔後上掤，左腳跨步向西行。
　　步法輕靈手敏捷，小肱螺旋向外開。
　　左顧右盼上下兼，小肱為正大肱偏。
　　二路演練須速快，開為順遂合為反。
　　得機得式步調換，左右循環一線牽。
　　教練不識此中理，丟頂差錯在此間。

圖5-38　　　　　　　　　　圖5-39

●注釋●

【動作一】接上式，大肱拳之後，待重心移於左腿時，右腳提起向右外劃弧擺出，在擺腳的同時，右肱隨之向右上撥擊（圖5-38）。

【動作二】接上式，繼而左腳前上，然向西跨步，面向正北，接著鬆左胯，給右胯，重心左移，提右腳插於左腳後方，兩手一上一下螺旋翻滾一線所穿。否則，有丟頂之病，引進時腳手合，移重心時周身皆隨，週而復始，快速演練（圖5-39）。

小肱拳和大肱拳的區別，是大肱拳以大臂外開為主，小肱拳以小臂外開為主，其含義及循環路線皆同。

第十八式　玉女穿梭

小肱欲完身左轉，兩臂隨身向左伸。

繼而右轉雙手起，交叉轉身向東邊。

左移重心右腳起，周身蓄鬆皮毛弓。

右腳落地左腳跟，促步頓腳雙掌震。

連續促步向前進，擊點右掌外沿根。

一促一頓周身進，前伸只可行七分。

輕重適宜形似飛，猶如萬人前突圍。

潑皮膽大心要狠，爾等挨身有幾人。

雖然向前疾速進，須防身後有人襲。

●注釋●

【動作一】接上式，小肱拳三次右腳插步完畢後，待左腿向左側伸時，雙臂下沉，隨身體右轉，兩手在身體左側先交叉，右外左裡，繼而隨身右轉豎於右側前方。重心左移，右腳提起，周身蓄而待發（圖5-40）。

【動作二】接上式，隨之右腳向前邁出，待右腳落地的一瞬間，左腳前上，協同右腳頓促。在頓促的同時，雙掌以外沿為主向前發擊，右腳落地，左腳前上與雙掌前推同時

圖5-40

圖5-41

到位，實為三勁歸一，向前連續三次或連續前進即可，要求速快勁整（圖5-41）。

玉女穿梭：

穿梭，顧名思義，就是從前人們利用紡織來供應穿衣，織布時只有雙腳和雙手配合得十分默契，才能織出好布。如左腳蹬踏板，使線交叉張開，右手將梭從線中間穿過來時，左手正好接住，然後右手騰出再拉機板，這樣左右反覆穿梭。在拳術中引用此名，實有左來右往和連續前進之意，形似玉女穿梭。

第十九式　倒騎龍

穿梭突圍破三軍，提防身後有人襲。
右腳提起速外擺，轉身右臂穿掌旋。
轉身面西右獨立，右手左腳空中懸。
左手捏合左後伸，耳聽身後眼望西。
左腳前上右腳跟，單掌向前直劈心。
循序前進求速快，勁整點清意志堅。
眾敵之下莫灰心，有志難將蛟龍圍。
西擊三步速回頭，翻身面東打偷襲。

●**注釋**●接上式，
玉女穿梭之後，右手由
前向上引按之後左手前
上拿之，然後經胸前斜
上穿掌，隨後腳外擺，
身體右轉，面向西踏
地，在右轉的同時左腳
隨之外擺前上踏地，右

圖5-42

手單掌前擊，左手五指捏攏向後，向前促步，前行
三步後，翻身向東打掩手拳（圖5-42）。

　　此式之所以叫倒騎龍，是一種形象的說法，指
玉女穿梭正向東突進，忽然轉身向西，左腳右手在
前，左手右腳在後，形成左右交替前行，形似蛟龍
出海，兇猛無比，因左右交替前進，故曰倒騎龍。

第二十式　掩手肱拳

　　與第十四式掩手肱拳動作要點相同。

第二十一式　裹鞭炮

　　單臂直拳打偷襲，轉身右臂速揚起。
　　重心右移左腳旋，旋後兩次移左邊。
　　右臂上起身右轉，右腳空中半月旋。
　　面向正北右腳震，提起左腳向西伸。

兩臂握拳胸前交，周身屈合下塌腰。

含胸束肋精神貫，身法中正不可偏。

速移重心向左邊，兩臂外翻發送拳。

蓄勁猶如弓開滿，發擊形似箭離弦。

發後雙拳又舉起，右腳蓋在左腳前。

左腳又向西邊開，合勁要點皆同前。

踏越三步向西進，翻身東進三步完。

此勁宜短不宜長，一開一合一瞬間。

●注釋●

【動作一】接上式，掩手肱拳之後，重心右移，同時左腳尖向內旋轉，待旋轉到所需位置時，重心繼而左移。待重心完全移到左腿時，右腳提起，隨著身體右轉在空中旋轉後擺腿面向北（圖5-43）。

【動作二】接上式，右腳落地震腳下踩，在震腳的同時身體下蹲，周身蓄合，同時左腳向左側開步一公尺餘，兩臂在胸前相交（圖5-44）。

【動作三】接上式，繼而鬆左胯，給右胯，在左移

圖5-43

圖5-44　　　　　　　　　圖5-45

重心的同時，雙臂向兩側發迸拳（向左移重心時以左拳為主，圖5-45）。

【動作四】接上式，繼而提起右腳蓋於左腳前方斜下踩，重心再次右移，提起右腳再次左跨，發雙臂迸勁，週而復始。向西側連續二次蓋步，三次迸拳完畢後，重心左移，提起右腳在空中旋轉。同時雙臂經兩側外在胸前相交，右腳下落時震腳，面向南（圖5-46）。

裏鞭炮，裏指雙臂隨身體下蹲，由外向內合包之意。隨著身體下蹲，周身內外、四肢百骸、五臟六腑皆含蓄內合，形似捲炮一般，炮捲得愈緊，爆炸時聲音

圖5-46

越洪亮。所謂鞭是形容雙臂向外發迸勁時像鞭一樣螺旋彈抖而出。所謂炮是形容呼呼風響之意。裏鞭炮常指與群敵搏擊時，蓄勁如捲炮，氣貼脊背，發勁開胸抖發聞炮聲。只有勁蓄得好，發勁才能乾脆俐落。

第二十二式　獸頭式

> 重心左移右腳點，右拳隨衝擊彼臉。
> 擊過右腳向後倒，屈臂下擊最為妙。
> 左腳螺旋鉤掛玉，二次轉身擊頭顱。
> 獸頭姿式已擺好，專等入陣捉兒曹。

●注釋●

【動作一】接上式，裏鞭炮之後，重心左移，繼而右腳前上，以腳尖點地，同時右拳向前伸擊（圖5-47）。

【動作二】接上式，右腳向右後倒步，意欲插於彼襠內，然後向右轉身。左手抓住彼手向左前伸，右臂屈合，隨身體右轉發後掛肘，兩勁形成交叉橫搓（圖5-48）。

圖5-47

圖5-48　　　　　　　　圖5-49

【動作三】接上式，右肘擊完，右拳欲要上抬時，左腳螺旋外擺發後掛腳（又曰金鉤掛玉，圖5-49）。

內收，虛腳點地。此時，左拳由上向下，右拳由下而上，腕部略內扣，發擊彼頭部。

獸頭式，顧名思義，右腿屈膝下蹲，左腳虛腳點地，左拳護膝，右拳護頭，周身上下屈合，形成能攻能守之式，觀之猶如獸頭之式，兇猛可怕。

第二十三式　披架子

彼若出拳從左侵，右手接住向下引。
突然坐腕右外旋，左臂悄悄跟進來。
一旋一挑緊相連，反擊關節憑修煉。
此招用過並未了，左腿外插臂攔胸。
重心左移發靠勁，引進迭法要記牢。

　　落空發擊如燕輕，秒秒之差成頂勁。

●注釋●

　　【**動作一**】接上式，獸頭式之後，如有人從我左側出拳擊我頭部，我則右拳變掌接住彼拳下引，繼而向右外，然後變坐腕外翻向上的同時，左臂前上以小臂內側向上挑發抖勁，使彼反關節被擊（圖5-50）。

　　【**動作二**】接上式，若彼走脫，我上左步插於彼腿後，同時左臂攔胸，先順後逆向外發进勁（圖5-51）。

　　披架子的「披」有左右兩臂交叉、覆蓋、劈發之意，「架」有兩臂重疊構成外之意，「子」有初之意，指初蓄而後發。

圖5-50　　　　　　　　圖5-51

第二十四式　翻花舞袖

與第十三式翻花舞袖動作要點相同。

第二十五式　掩手肱拳

與第十四式掩手肱拳動作要點相同。

第二十六式　伏　虎

身體左轉重心移，右腳前上虛點地。
左拳下插左腿外，右腕外折向左擊。
繼而後撤一大步，重心右移走下弧。
假若有人抓我腕，先下後上走螺旋。
重心右移腿下蹲，左腿在前襠需開。
開中欲合撐八面，上下屈伸一線牽。
中氣豎起精神貫，循視左右望正前。
前擊左肘向下旋，協助右臂順向前。
雖然前後兩股勁，合二歸一右為先。

●注釋●

【動作一】接上式，掩手肱拳之後，重心左移，繼而右腳前上以腳掌點於右前方。在右腳前上的同時，兩拳左下右上，左拳下插於左腿外側，右拳螺旋經右然後向左引，在引的過程中拳背外翻，

圖5-52　　　　　　　　　　圖5-53

腕內側外突向左發擊（圖5-52）。

【**動作二**】接上式，繼而右腿後撤，右拳螺旋由上而下再向上，在右拳向上時右腿屈膝下蹲，則解脫了對方之抓拿，在右拳行走時，左拳隨著先上而後下，左右形成伏虎之式（圖5-53）。

掩手肱拳以後，右腿後撤，身體下蹲，左手在前下，右拳在後上，全身形成下俯姿勢，觀之有伏虎之勢，威武兒猛，故曰伏虎。

第二十七式　抹眉肱

重心突然向左移，右腳隨即蹬地起。

左拳變掌速叉腰，右拳變掌蓄肋旁。

隨著慣性身左轉，右腿裡合發掃堂。

右腳落地屈膝蹲，左腿隨即向前伸。

蹬地左轉重心移，迎面一掌直擊心。

圖5-54　　　　　　　　　　圖5-55

●注釋●

【動作一】接上式，伏虎之後，鬆左胯，重心左移，右腳蹬地而起，然後隨身體面向東旋轉的過程中發裡合掃堂腿（圖5-54）。

【動作二】接上式，在懸於襠內的一瞬間向下直踩（圖5-55），在踩的同時左腿前伸。此時右腳蹬地，鬆左胯，重心左移，隨著身體左轉的慣性，右掌從右肋處向前發推掌，直擊敵心（圖5-56）。

抹眉肱的「抹」在這裡有抹擦之意，右掌蓄於右肋旁擦身前推，精神自然為之一振。神往眉則自

圖5-56

然飛舞，觀敵遠近而定之，近則揚掌以小肱內側前擊，遠則用掌，抹眉肱是一種形象說法。

第二十八式　左右黃龍三攪水

左腳外擺重心移，右腳前上虛點地。
左掌叉腰隨腰轉，右掌順纏向下引。
二次重心向右移，右臂內纏向外分。
左腳後撤雖說敗，敵人緊逼到身前。
右步快速側向跨，右掌隨之向下旋。
二次左腳詐降敗，變換左側急進三。

●注釋●

【動作一】接上式，抹眉肱之後，左腳尖外擺，繼而重心左移，同時提起右腳前上，以腳尖點地，成胸北背南，面向東北。

在右腳前上的同時，右掌順纏下旋，重心再向右移，提起左腳向後側跨，在左腳側跨的同時，右手由內向外撥擊，此時面向東北（圖5-57）。

【動作二】接上式，繼而左移重心，右腿

圖5-57

提起向左腳後插，在右腳後插的同時，右手螺旋向前下引，面向東北，重心右移。右手外撥，週而復始，連退三次。動作要點與動作一（圖5-57）相同（下接斬手面向東），待右三攪水欲完時，右腳以腳尖點於左腳內側，此時右手落於右腿外（圖5-58）。

圖5-58

繼而身向右轉（面向東），在旋轉的過程中右腳提起，經左螺旋向右劃弧外擺，懸於襠內，兩掌隨轉左撩右下斬發勁。右腳落地，左腳向左側外跨步，繼而左掌向下旋，右掌上提叉於腰間，胸南背北，面向東南。重心左移，右腳提起向左後插，左手則隨著重心左移，由下向左外撥（圖5-59），

圖5-59

副圖5-59

下旋再插右腳，跨左步，週而復始，急進三步（副圖5-59）。

黃龍三攬水，黃龍是打比方，三攬水是左右兩臂在退三進三的過程中螺旋擺動形似龍尾擺動攬水一般，故曰黃龍三攬水。

第二十九式　左　衝

右腳提起急速跨，左腳隨之緊緊跟。

屈膝下蹲周身合，眼視東側左腳懸。

掌心向外逆順翻，繼而變拳合胸前。

拳頂相對肘外開，含胸氣沉肩內捲。

左腳提懸一瞬間，繼而東蹬彈收快。

欲蹬塌腰平於肩，兩捶隨之發迸拳。

●注釋●

接上式，在黃龍三攬水之後，右插腳變腳尖點於左腳內側，繼而向右側跨步，左腳隨之右跨，以腳尖點於右腳內側，提起懸於襠內。雙手在右腳向右開時，雙掌向兩側分開，掌心斜向外下，繼而內收以兩拳頂相對合於胸前（圖5-60），然後隨左腳外蹬向兩側發迸拳（至於腳蹬的高度，應根據遠近情況而定，下於臁骨、腰部或肩處，切不可呆板，千篇一律，拳掌皆可，圖5-61）。

圖5-60　　　　　　　　　圖5-61

　　何謂左衝，左有左側之意，衝有快速擊打之意，所謂左衝是在周身的協助下，用左腳向左側衝擊。

第三十式　右　衝

　　左衝之後轉向北，兩拳相對貼腹肌。
　　左腳獨立右腳旋，二次回衝制勝歸。
　　轉身換步需速快，輕靈敏捷意在先。
　　意堅勁整力點清，不下真功徒勞空。

　　●注釋●
　　接上式，左衝之後，腳下落時外擺，轉體面向北，繼而落地，提起右腳向右側蹬衝，兩拳也隨之向兩側迸發。但要注意在左腳落地、右腳隨著跟步時，皆須步法輕靈敏捷，蓄勁要蓄得緊，開放時

要開得盡，以求力點清晰為準則。其動作要點同左衝。

第三十一式　掩手肱拳

右衝之後，右腳下落，與左腳相齊。兩腳相距約30公分，繼而上左步成欲發掩手肱拳之式，其動作要點與第十四式手肱拳相同。

第三十二式　掃堂腿

　　重心右移身下俯，雙手按地屈膝弓。
　　身體右轉掃左腿，掃到半周稍加停。
　　再將重心向左移，右腿後擺面向西。
　　兩次掃堂一周半，提起右腳空中懸。
　　俯身左立身豎起，落地震腳兩臂交。
　　右腳踏穩左腿伸，兩臂前後左右分。
　　左前右後合好勁，蹬地擰腰旋背衝。

●注釋●

【動作一】接上式，掩手肱拳之後，繼而身體右轉，屈右膝，身體下蹲，俯身雙手按地，左腿隨之發掃堂腿180°面向西（圖5-62）。

【動作二】接上式，重心左移，身體繼續右轉，在右轉的同時，右腿向後連續發掃堂腿，兩次

圖5-62　　　　　　　　圖5-63

圖5-64　　　　　　　　圖5-65

掃堂腿360°，面向西（圖5-63）。

【**動作三**】接上式，左腿站起，俯身變中正，右腳一瞬間空懸之後，下落震腳（圖5-64）。待身體漸而豎直時，兩臂在胸前有一瞬間的相交，然後隨震腳外開，隨左伸腿而內合，左掌豎掌落於左側前，右掌變拳落於右肋處，眼視正前，蓄而待發掩手肱拳（圖5-65）。

第三十三式　掩手肱拳

接上式，掃堂腿之後，身體由俯而豎，然後先開而後合，繼而面向西抖發掩手肱拳。與第十四式掩手肱拳動作要點相同。

第三十四式　全炮拳

雙腳速上頂勁領，右先左後落地輕。
兩腿下蹲勁蓄合，意先神往左外發。
近用肩靠遠用肱，掌握迭法最重要。
出手要狠速要快，膽戰心寒悔之難。
二次身向空躍起，兩腳前後更換急。
重心左移身蓄含，發勁猶如箭離弦。

●注釋●

【動作一】接上式，掩手肱拳之後，雙腳向空中躍起，在身體上躍時雙臂變左前右後，成蓄而待發之式，繼而向身體左側外發擊，近用肩靠，遠者可用肱拳（圖5-66）。

【動作二】接上式，然後身體再向空中躍起，在向空中躍起的同時，雙腳變換，左先右後隅角落地，繼而向右外發擊，其要點同左側（圖5-67）。

發掩手肱拳時，兩腳是隅角站立（左西南，右

圖5-66

圖5-67

東北），左前右後。掩手肱拳完畢後，雙腳跳起，下落時右先左後，兩聲相接，以左臂為主向左後方發勁，呼呼帶風，此乃三聲相接。繼而身向空中躍起，兩腳在空中快速交換方位，落地時雙腳與雙手變右前左後（右西北，左東南）。此時落地左先右後，繼而向右外發勁，因兩腳前後、兩手左右全然輪換震發，聲響如炮，故曰全炮拳。

第三十五式　掩手肱拳

與第十四式掩手肱拳動作要點相同。

第三十六式　搗叉搗叉

　　重心左移身右轉，收回右腳虛虛點。
　　雙臂伸合左在前，右拳收回貼肋邊。
　　左腿下蹲穩重心，右腳提起向前伸。

　　腳落拳擊肘後發，左右開擊則有合。

　　左腳跳步蓋右上，右腳前上更加忙。

　　兩腳前上跳連環，二次斜下發栽拳。

●注釋●

　　【動作一】接上式，掩手肱拳之後，身體右轉，面向北，重心左移，右腳內收，腳尖點地。在右轉的同時左手前伸，右拳回收，雙手構成欲發之式，繼而右腳提起，向右側上一步，同時右捶向右斜下發擊，左肘向左後隨之抖肩發勁（圖5-68）。

　　【動作二】接上式，左腳上步蓋於右腳前方，右拳向前撩擊（圖5-69）。左腳欲要落地時，右腳跳起向右側上，兩臂隨左腳前上開而合，右腳落地而擊，此二次搗叉都是連續突圍之法，第一次身法較大，第二次身法較小（圖5-70）。

圖5-68　　　　　　　　　圖5-69

圖5-70　　　　　　　　圖5-71

　　搗叉搗叉的搗，顧名思義有向下發擊之意，又有分之意，因兩次上步、二次連發都是兩臂在發勁途中相擦而過，一股勁由內向側下，一股勁由內向側後，故曰搗叉搗叉。

第三十七式　左耳肱右耳肱

　　搗叉完畢莫放鬆，再上左步出左肱。
　　兩拳輪流閃電攻，轉關全在周身鬆。
　　放鬆螺旋力點清，僵直用力反其行。
　　拳雖小技存哲理，先理而後再習技。
　　要想功夫速長進，夜半靜悄聞啼鳴。

●注釋●

　　【動作一】接上式，搗叉完畢之後，速上左腳，同時出左拳急速前擊（圖5-71）。

圖5-72

【動作二】接上式，繼而收回左拳出右拳擊之，此擊與搗叉躍步相繼連接，向前突圍（圖5-72）。

耳與目是相互關聯的，肱與拳是相互關聯的。就是左右拳向前擊時，要有眼望前、耳聽身後之意，所以古時有股肱耳目之稱。它們之間相輔相成，相互關聯，親密無間，故曰耳肱。

第三十八式　回頭當門炮

左臂外繞直豎拳，右拳左擊斜向前。
右腳外擺身右轉，左腳跳起身空旋。
先左後右腳落地，雙臂下引莫等閒。
屈膝下蹲含胸束，重心右移襠分開。
勇往直前拳肱擊，嚴防兩側後偷襲。
斜視左前精神貫，當門炮擊人仰翻。

●注釋●

【動作一】接上式，左耳肱右耳肱之後，左腳繼而前上，左拳隨之前擊，然後收左拳，擊右拳，

圖5-73　　　　　　　　　圖5-74

左手向左外繞，豎起繼而直下沉。右拳藏於左肘下
（有橫擊之意，圖5-73）。

【動作二】接上式，隨之身體右轉，左腳隨身
體右轉跳起向右側上步，身體在空中旋轉360°，
仍面向東北。雙臂隨身體在空中旋轉360°的過程
中，雙臂向下引屈欲待發擊，待左先右後雙腳穩固
好重心的一瞬間，急速以雙拳或肱骨外側向前發當
門炮，左主右副（圖5-74）。

右衝之後，身體在空中向左側轉後，仍面向東
北為回頭，雙拳或雙肱向前擊打形似兩門巨炮直轟
之意，故曰回頭當門炮。

第三十九式　變式大捉炮

當門一炮響轟轟，左腳收點右拳衝。

此次右腳先跳起，左腳隨後緊緊跟。

右腳落地左後跨，雙臂隨旋捋欲伸。

重心左移走下弧，進入擊圈難逃行。

中正不偏向下合，此式皆能降妖魔。

此式非同當頭炮，拳衝腳蹬捋為高。

●注釋●

【動作一】接上式，當門炮之後，左腳收回，腳尖點地，雙拳內收，拳心向上，然後左腳前跳，身體左轉，右腳隨之提起向前方蹬跳，此時雙拳變右拳前衝，左拳隨左肘後擊（圖5-75、圖5-76）。

【動作二】接上式，待身體在空中旋轉360°時，兩腳左先右後落地，雙手變向左捋，面向西南，繼而發擊（圖5-77）。

變式大捉炮的「式」有左右姿勢變幻之意，指大開大合；「捉」有捋進之意。所以在當門炮之後，左腳收點，右腳前蹬，右拳前擊，身體向左旋

圖5-75　　　　　　　　圖5-76

圖5-77　　　　　　　　　圖5-78

轉360°之後，雙手大開大合，向左側挒而後發，故曰變式大捉炮。

第四十式　腰攔肘

左拳變掌向前伸，右臂內屈拳貼心。
右腳隨之空中懸，周身含蓄皆不閑。
右腳下震則為虛，手拍肘擊開與合。
拍合則有帶彼進，肘擊守疆不可過。
震腳輔助爆發力，平肘前催略上揚。

●注釋●

【動作一】接上式，變式大捉炮之後，左手向左側前伸，右腳提起懸於襠內，同時右臂內合，拳心落到貼胸處，繼而左掌帶住彼腰向懷中內帶，然後震腳下踩（圖5-78）。

圖5-79

【動作二】接上式，待肘向前行至七分時略向上挑發，這樣易使對方受擊後拔根而起。否則，即使對方倒地，也會出現拖泥帶水現象（圖5-79）。

第四十一式　順攔肘

身體左轉臂逆旋，右腳收回輕輕點。
繼而右腳向外跨，大臂隨之向外開。
左腳緊跟發頓步，輔助中節向外攻。
逆纏左手扶右腕，含胸發擊皆須開。
未發屈膝身下合，速快勁整降妖魔。
身體中正不可偏，心有靈犀一點通。

●注釋●

【動作一】接上式，腰攔肘之後身體左轉，右臂逆纏以肘尖向外劃弧，同時貼在右小臂中節的左手隨轉漸而收回，落在右手腕處變輕握右腕，在肘劃弧的同時，右腳內收，腳尖點地，此時身法略下蹲，周身成蓄勢，眼斜視右側（圖5-80）。

圖5-80　　　　　　　　圖5-81

【動作二】接上式，右腳再向右側開步，在開腳欲要落地時身體右轉，左手輔助右大臂一齊向右側發順攔肘，同時左腳緊跟發頓步，以便增大爆發力（圖5-81）。

演練順攔肘時，若有人從右側推我大臂，我則以肘向左側螺旋劃弧引之，同時收回右腳，然後右開，隨身體右轉以大臂中節或偏前右側回擊之。

第四十二式　窩底炮

順攔擊過敵又來，左腳右蓋兩臂開。

左腳未落身躍起，右腳側向直往前。

左先右後落地穩，兩臂屈合欲發人。

抖肩右發周身隨，側向斜下發栽捶。

圖5-82　　　　　　　　圖5-83

●注釋●

【動作一】接上式，順攔肘之後，左腳側向蓋在右腿上，在左腳未落地時，繼而右腿跳起，在左腳前蓋的同時，雙拳左後右前撩擊（圖5-82）。

【動作二】接上式，待雙腳落地後分而變合，左掌前伸側豎，右拳蓄於右肋前，繼而斜發下栽拳。左肘後擊時掌變半握拳（圖5-83）。

此招之所以稱窩底炮，是一種形象的說法，拳下擊形似巨炮轟窩（丹田）。

第四十三式　回頭井攔直入

身體右轉腳外擺，左腿隨之提起懸。

左臂內屈拳豎起，右臂內合須撐圓。

左腳懸落正北方，繼而右腳後擺揚。

下落西北隅角上，雙拳貼在兩乳旁。

圖5-84　　　　　　　　　　圖5-85

右腳蹬地重心移，含胸束肋雙扣擊。

手背相合背外翻，氣行上下各一半。

●注釋●

【動作一】接上式，窩底炮之後，身體右轉，右腳外擺，繼而提左腳，隨身體右轉向內旋擺擊，落正北方。

此時左臂握拳豎起，右拳藏於右肋下，有橫擊之意，內側撐圓（圖5-84）。

【動作二】接上式，提起右腳，隨身體右旋而外擺，落於西北隅角。繼而鬆右襠，左腳蹬地，重心右移，在移重心的同時雙拳變掌下捋（圖5-85）。

【動作三】接上式，在捋的過程中變拳輕貼在兩乳頭上，繼而鬆左胯，給右胯，重心左移，含胸、束肋，兩肘內扣發勁。

圖5-86

在發勁的同時，兩拳背相對，脊背略外翻，臍以上為上升，臍以下而降，此為周身對拉之式，發力不易拔根（圖5-86）。

此式之所以叫「井攔直入」，也是一種形象的說法。因彼進入我懷，如入陷阱，我即以雙扣肘攔截，直入擊之，故曰為井攔直入。

第四十四式　收　式

左旋右轉反覆演，四正四隅皆踏完。
由北變南反收北，兩路合歸一套拳。
只練一路偏於柔，多練二路勁有偏。
剛柔相濟勤研練，博大精深太極拳。

接上式，回頭井攔直入之後，重心左移，同時提起右腳前上，兩腳距離與兩肩同寬。在左移的同時，兩手向身體兩側分開，然後向上經兩耳旁向下按至兩腿外側，眼視正前方。

第四十五式　太極還原

浩浩渺渺，渾然如初（圖5-87、副圖5-87）。

圖5-87　　　　　　　　副圖5-87

附　錄

弘揚太極技藝絕倫

—— 記國際太極拳大師王西安先生

　　我和王先生結交於70年代初，在這二十幾個寒暑中，相處之間無話不談，遇事互相往來，不分你我。用他夫人陳新意的話講：「我家的事，慶太哥可以當三分家。」可謂莫逆之交，堪稱摯友。

　　王西安是一位陳式太極拳迷，自幼酷愛太極拳。幼年時，村裡有個教拳點，可是，人家只教嫡派，不教外姓人。為了學拳，他每天晚上就去偷著學，回家自己練，每晚練拳，一直練到深夜。

　　後來，陳照丕老師在村裡教拳，被他刻苦學練的精神所感動，破例收其為徒。

　　王西安對陳照丕老師十分尊重，因為他知道陳照丕老師一生致力於陳式太極拳事業，學識淵博，深於拳理，精於肘靠。陳照丕所著《陳氏太極拳匯宗》《太極拳入門》《陳氏太極拳理論十三篇》《太

極拳引蒙》等在社會上影響很廣。

1928年，陳照丕受聘到北京授拳，應邀在宣武樓立擂，連續17天未遇敵手，威震四方。

在陳照丕老師教誨下的王西安，武德武技齊頭並進。春夏秋冬聞雞起舞，夏練「三伏」，冬練「三九」，每天練拳達20遍之多。為了準確地掌握某一招式，體會要領，30遍、50遍地練。為了排除干擾，他經常利用早晚時間到離家幾公里以外的黃河灘練拳，晚上一練就到凌晨3時，練得渾身大汗淋淋，脫下鞋一倒，就能倒出水來。

王西安是條倔強漢，要幹什麼事都有一股子「拼」勁。原來陳式太極器械之一的「春秋大刀」中有一個「舞花豎刀翻身砍」的動作，因為「豎刀翻身砍」是一個提刀空翻360°變為豎刀的高難動作，很難掌握，所以有人索性把它改成「舞花壓刀翻身砍」，去掉了空翻360°變壓刀為豎刀的難度大的動作。

王西安不甘心，他專程到開封找到了熟悉刀法的陳克弟，詳盡請教了動作要領，掌握了演練方法。回到村裡後，正值打麥季節，他不顧一天的疲勞，利用晚上，一練就是20天。他舞動「春秋大刀」，演練起來氣勢雄偉，招式逼人，劈、砍、撩、迸，一氣呵成，精彩絕倫。

　　「文化大革命」前後，由於各方面的衝擊，作為太極拳發祥地的陳家溝，太極拳的演練已瀕於滅絕的境地，練拳者寥寥可數。當時，身為陳家溝黨支部副書記兼全村民兵營長的王西安目睹這種情景，內心萬分焦急！他知道，陳式太極拳是中華民族文化之瑰寶，怎能失傳！他常說：「為繼承和發掘太極拳責無旁貸，把陳式太極拳發揚光大才是自己的天職。」於是，他多次和村黨支部書記張尉珍同志商討、研究，如何利用農閒時間組織好全村的練拳活動。

　　太極拳一代宗師陳照丕先生仙逝後，他首先帶動一批骨幹，把陳照奎、馮志強老拳師請回來，授拳傳藝，以此骨幹隊伍推動全村練拳活動。在農閒季節，他組織全村男、女民兵在村辦麵粉廠裡演練，利用晚上時間，一直練到深夜。同時，組織家庭院戶練、青年練、老年練。當時出現了父教子、母教女、兄教弟、姐教妹、夫教妻的熱火朝天的練拳新局面。

　　為了更紮實地開展練拳活動，村裡又成立了「陳式太極拳業餘體校」，體校從大、中、小班三個方面抓起。大班：以現有骨幹隊伍為基礎，組織有一定功底的人繼續深造；中班：以廣大青年民兵為主體，組織全村男、女青年，練拳以提高為主；

小班：以學校為陣地，以學生為主，利用「兩課、兩操、一活動」，大力開展太極拳演練活動。

為進一步推動練拳和提高水準，利用農閒和春節期間，開展隊與隊、戶與戶之間的太極拳演練比賽，以參加人數多少和演練的優劣評比先進，給予獎勵。為使練拳活動持久地開展下去，用給報酬和盡義務相結合的辦法，鼓勵群眾積極練拳。

功夫不負有心人，經過王西安和張蔚珍先生的多年努力，終於使陳式太極拳重振威名，使古老的陳家溝練拳蔚然成風，取得了顯著成績。當時，陳家溝武術代表隊經常代表縣、地區、省參加上一級的武術比賽，並取得了好的名次，美名遠揚。

全國各地到陳家溝學拳者日漸增多。陳家溝也打破了演練太極拳只傳兒不傳女，只傳內不傳外的世代舊俗，使陳式太極拳變成武壇比賽和廣大民眾健身的運動項目。

陳家溝在太極拳重大比賽中所取得的成績，引起了全社會的關注。香港電視臺、中央電視臺，《中國建設》雜誌、《人民中國》雜誌的外文版相繼報導了陳家溝太極拳發展的盛況，引起了國內外武術界的關注。自日本武術代表團首次訪問陳家溝後，全世界十幾個國家的武術代表團到陳家溝訪問和學拳，陳式太極拳一時名揚天下。

　　隨著陳家溝的名字在國內外的打響，王西安也名揚天下，於是，絡繹不絕的人來拜王西安大師學拳。王大師收徒沒有門派和貧富之分，凡願意跟王大師學拳者，只要登門，他便傳教。我國古代著名大教育家、思想家孔子收徒弟尚收十束乾肉，而王大師在國內收徒則分文不取。而且，為了幫助徒弟解決困難，他經常解囊相助。

　　一旦收為弟子，他便言傳身教，要求很嚴，一招一式，一絲不苟，嚴謹的治學態度，培養出了一批又一批的人才，他所培養的學生在國內外重大武術比賽中每每奪魁。

　　王大師的學生很多，僅在國內就有3000名左右，分佈在全國29個省、市、自治區，在國外的也有近2000名，分佈在十幾個國家和地區。

　　據我和王西安多年交往所知，王先生是個正直、謙虛、守道、識大體、不媚上的人。他鑽心習拳幾十年來，十分好學，拳技、拳理俱佳，功法嚴謹，技藝高超，精於閃戰肘靠。他的拳術已是技藝絕倫，臻至完境。

　　今年54歲的王大師的拳技，在國內外影響極大。在任「中國陳家溝太極拳推廣中心總教練」「溫縣太極武術館副館長兼總教練」「溫縣國際太極拳年會副秘書長」「河南師大體育系名譽教授」

「河南大學太極拳培訓中心副主任兼總教練」「國家武術高級教練」「河南省旅遊協會常務理事」等職的同時，又被聘為「河北省永年縣國際太極拳年會副秘書長」「山東省兗州市太極拳協會總顧問」「江蘇省南京市太極拳協會高級顧問」「江西省南昌市太極拳協會顧問」「馬來西亞少林武術院總教練」「韓國漢城太極拳協會常務顧問」「湖南省邵陽市武術學院顧問」等。同時，又擔任了先後成立的「日本大阪市王西安太極拳學習會」「日本大阪市王西安太極拳研究會」「日本東京王西安太極拳招聘委員會」的總教練等職務。由此可以看出王大師是一位德高望重的拳師。

王大師多次到過日本各大城市，以及巴黎、瑞士、西班牙、荷蘭等地。所到之處，他那精湛的拳技，高尚的情操，給人總的印象是深厚淵博的太極拳功底，在太極拳各個領域無所不精。

1983年7月27日受全日本太極協會的邀請，王大師以陳家溝太極拳學校校長的名義赴日訪問、授拳。在此期間，日本天皇裕仁的弟弟三笠宮殿下邀請王大師到他的官邸做客，在日本輿論界引起強烈反響。

1986年10月1日，王大師應邀赴日本東京、大阪等地講學、授拳。在此期間，應日本國際文

化交流協會會長和大阪市市長的邀請，參加了該協
會舉辦的國際學術交流大會，並且表演了陳式太極
拳各種套路和器械，受到了各國代表的一致好評。
大阪市市長向他贈送了金鑰匙，並接納他為大阪市
名譽市民。同時，邀請他到大阪市定居，他婉言謝
絕了這一邀請，不去過那富有舒適的生活。因為他
知道，他是陳家溝的水土養大的，是中華民族的兒
子，是炎黃的子孫，應該為振興中華竭盡全力。這
是多麼高尚的民族精神啊！我深為有這樣的摯友而
自豪！

　　1989年3月2日，王大師應邀訪問法國，於3
月15日夜，受到了法國時任總統、前巴黎市市長
希拉克的接見。

　　國內外渴望得到王大師書的人很多。王大師的
《陳式太極拳老架》《陳式太極拳推手技法》兩書
問世以來，深受廣大讀者的歡迎。為滿足廣大太
極拳愛好者的迫切需要，王大師在百忙中又撰寫了
《陳式太極拳老架技擊秘訣》。王大師在該書中將
博大精深的太極拳理論、神秘莫測的招式變幻融於
老架各個招式的分解動作之中，具體介紹了每個動
作在技擊方面的應用。該書中處處體現王大師對運
動走勁的獨特感悟和技藝卓越的拳術功底，實為難
得的一部佳作。

　　此書的出版堪稱太極拳界的又一盛事，借此機
會再次向王西安先生表示衷心的祝賀。

　　　　　　陳家溝太極拳武術學院

　　　　　　名譽校長兼總顧問　**王慶太**

　　　　　　　　　　1998年8月1日

金牌背後恩師情

　　一晃，我跟從王西安老師習拳已九年有餘。九年間，恩師言傳身教，與我情同父子，每每回憶起與恩師相處的點點滴滴，都有許多感慨，但提起筆，卻又不知如何盡言。

　　九年前，當我怯懦而又好奇地隨母親從焦作來到溫縣陳家溝一同拜見恩師時，僅僅八歲的我根本沒有意識到，這位高大魁梧、有著爽朗笑聲的年近六旬老人，改變了自己從此一生的理想與命運。

　　那時的恩師早已是享譽世界的陳式太極拳「四大金剛」之一，仰慕其盛名而從其學拳者眾多，國內國外的各年齡段的人都有，因忙碌於世界各地傳拳，恩師很少有時間留在溫縣。也許是想磨鍊我的意志，也許是忙於寫作，第一次見我，恩師只簡單問了一些情況，便安排我住進他的學校陳家溝武術院。說實話，自小在城市長大的我對陌生的集體生活真有些吃不消，尤其當時正值酷暑，常常練上片

刻便汗流浹背，衣服濕得能擰出水來，累得晚上連
飯也吃不下。但看著武術院裡許多學員認真習拳的
身影，我也暗下決心，一定不能讓恩師對我失望。
幾天訓練下來，我的全身被曬得黝黑，父母見狀
很是心疼，但我卻咬牙堅持下來，並學會了老架一
路。也許正因為我的些許韌勁，恩師對我開始有些
關注，並囑咐我，每天要練10遍拳。

「我要練30遍！」我突然大膽地回應了一
句。「為啥要練30遍呀？」恩師笑盈盈地問。我
立即搶著答：「書上說陳發科老師小時候每天練拳
30遍，後來才成為一代宗師。」恩師聽後爽朗地笑
了，說了句：孺子可教！

這句話，頗讓母親自豪和欣慰，便懇求大師收
我為徒，大師欣然應允。就這樣，上小學二年級的
我便有幸師從陳式太極拳大師王西安，成為他當年
最小的弟子。每個週末，我都會坐車從焦作到陳家
溝學拳。現在想來，當年走入師門應該是自己人生
最重要的一個轉捩點，太極拳講究口傳身授，特別
對於初學者來說，能拜一個好老師是極大的幸事，
並可免走許多彎路。然而對於我，還意味著從此開
始擁有了享用不盡的師愛。練習太極拳，動作規範
至關重要。每到週末，只要恩師有空，都會逐招逐
式給弟子做示範講解，手該如何轉，腳該如何走，

身該如何轉，眼該如何視，勁該如何合，耐心而細緻。然後恩師在一旁細觀，督促我們練習。若發現我們中有誰動作不對，便隨時予以糾正，有時一個動作反反覆覆要糾正很多次，恩師的嚴厲會令我們有些戰戰兢兢。

太極拳中有個動作叫「六封四閉」，記得我當時練了很長時間，卻怎麼都做不好，恩師也有些詫異。一次，我在練習這個動作時，恩師便在一旁靜觀。當時的我個子低，恩師站著看了半天，後又蹲著看。反覆幾次，他愜意地笑了，對我說，你要結合腰襠勁才行。恩師這一「蹲」著細觀，問題便迎刃而解，這也讓我對恩師的敬業精神肅然起敬。

我對恩師的嚴謹作風更有體會。「舞花豎刀翻身砍」這一招，須雙手緊握刀把，躍身翻跟頭而過，我感覺自己翻的跟頭已夠高了，然而恩師還是嫌低。後來，他索性再舞刀演示翻跟頭。看著年近六旬的恩師，我忙接過刀，勸他愛惜身體，但恩師卻認真地說：「我授拳都偷懶不到位，你怎麼能練到位啊！老師必須以身示教，否則，學生難以更快地領悟其中奧妙。」

這番話讓我銘記至今，也使我對「老師」這兩個字有了更深的理解，練起拳來，再也不敢有絲毫懈怠。正因恩師對弟子的這份認真和負責，無形催

我更刻苦練拳，唯恐展示學習成果時，看不到恩師的笑容和贊許。

書上說，師者，傳道、授業、解惑也。而在我看來，恩師這些年不僅教授了我拳術、拳理，更重要的是教會了我做人的道理。

2000年，我首次參加第一屆中國焦作國際太極拳年會比賽。為了讓我的表演更富有觀賞性，恩師依據我練拳的特點精心編排了套路，經編排後的套路動作能充分展示出太極功夫迅、猛、靈、脆、爆發力強、前柔後剛的特點。這一次，我不負眾望獲得了優秀獎。賽後，恩師拍拍我的腦袋，連連稱讚說：「不錯不錯！」從這一次起，我開始頻頻參加比賽，先後在「第二屆亞太武術交流會」、「全國推新人大賽」、「鄭州首屆世界傳統武術節」、「第十屆太極拳、劍、交手錦標賽」等十餘場大型賽事中屢屢奪魁，幾乎逢賽必奪金牌。

就在我對自己頗感滿意時，卻在2005年溫縣第十屆太極拳、劍比賽中拿了個兒少男子陳式太極拳第二名。我當時頗不服氣地對恩師抱怨：裁判不公！滿以為恩師會像以前一樣對我的表演給予贊許，沒想到他聽完我的抱怨臉色嚴肅起來，鄭重地對我說：都說名師出高徒，但名師未必手下都是高徒，老師再用心，徒弟不努力，也練不成高手啊，

這次你拿了第二名，只能說明你的功夫練得還不夠，你的拳意在拳先，意識不夠，還須更多努力。《太極拳譜》記述，學太極拳不可滿，滿則招損。能謙則虛心受教，人誰不樂告之以善哉！以後一定記著學拳要不驕縱、不自滿！

說完這些，恩師點了支菸，緩慢了口氣，語重心長地講道：太極拳修身養性，學拳講究宜以德為先，所以，要想練好太極拳，就必須先學會做人，只有做好人，才可能練好拳。你還小，學拳的路漫長一生，慢慢你才能體會到我今天這番話的用意，你要記得，學太極拳必須學會「大善」，心懷蒼生；其次，要戒驕戒躁，虛懷若谷；第三，要學會充實自己，鍛鍊毅力和增強頑強不息的精神……看似平靜一番話，讓我聽後頓覺站立不安，羞愧難當。從那以後，每當我再拿到金牌，都暗自告誡自己牢記師訓：謙者益，驕者敗。每一次拿到的獎牌，不過是人生路上一塊鋪路石子而已。

和恩師交往的拳師，都說他性格粗獷豪放，但對弟子們的細心照顧卻常常令人感慨、感動。前年，我需赴京參加比賽，為了不耽誤學習，我比其他隊員晚一天，由父親陪同連夜赴京。那天下火車時，外面正是瓢潑大雨，當我在雨中看著恩師親自來接我們時，不覺心中陣陣暖流湧起。

　　一日為師，終身為父；師之所教，受用無窮。而恩師給我的愛亦是無窮的啊！

　　這些年，恩師雖然早已享譽世界，但他卻始終像一個認真的學生，在世界各地辛苦傳拳之際，總是忙裡偷閒自己寫書出書，親自動手編寫有關陳家溝及歷代拳師的奇聞軼事，常常在燈下一寫就是通宵達旦。恩師雖沒有受過高等的教育，但無論是他的書法還是他獨特的拳理拳悟，都備受世界無數太極拳愛好者的推崇，恩師是用身體力行默默為我們弟子樹立人生的榜樣啊！

　　在自己的網站最初建立時，我執意在首頁最上方寫上一句話：金牌背後，流淌著恩師的心血！這真的是發自肺腑的一句話，而這簡單的一句話，又怎能和恩師多年來對我的愛相比！

　　後來，恩師親自在網站上為我寫下一篇文章，其中寫道：「太極拳作為中華武苑的一支古老奇葩，讓我一生學之不盡，受益無窮，也正由此，它才相傳世代，並受到全世界的關愛。所以，無論作為長輩還是老師，我都希望申思能持之以恆，戒驕戒躁，將太極拳的發揚和傳播作為畢生的事業去堅守，無論碰到什麼困難和阻力，都不能退卻。

　　『陽光』總讓人聯想到希望和溫暖，聯想到『光芒四射』。在太極拳廣播世界的今天，我希望

我的弟子申思能有著陽光一樣健康的體魄和心態，有著陽光一樣美好的未來，並透過畢生的努力，讓太極拳的光澤惠及更多的世人。

我想申思一定能做得到，因為這些年來，他一直淌著汗水一路掌聲走到今天，二十多枚金牌就是最好的證明……」

恩師的殷殷期望，都在字裡行間，而恩師多年無言大愛，也永遠留在我心裡，讓我一生感恩，催我一生奮進，引導我像恩師一樣，畢生為太極事業的傳承竭盡全力。

遇見恩師，是我一生的幸運，一生的財富。我記得有本書上寫過一句話：師者，即命運。我非常贊同，因為拜入師門，幸遇恩師，讓我走進一個魅力異常的太極世界，給了我一個精彩異常的太極人生。

申思

2008. 4

作者履歷

1944年7月17日出生於陝西省西安市。

1945年隨父返回原居地河南省溫縣陳家溝。

1951年在陳家溝學校上學，後就學於徐溝完小。

1958年陳式太極拳第18代傳人陳照丕還鄉，隨其學習陳式太極拳老架套路及器械。

1960年在青海哇玉香卡農機技校學習。

1961年到青海湖畔江西溝工作。

1963年返回河南省溫縣陳家溝。

1963年投師陳式太極拳第18代傳人陳照丕，學習陳式太極拳老架套路及器械。

1967年任陳家溝大隊民兵營長。

1970年任陳家溝業餘體校校長。

1970年至1983年任陳家溝大隊黨支部副書記。

1972年8月河南省在登封縣舉辦太極拳表演賽，任新鄉地區領隊（陳照丕老師任教練），會後向省委領導彙報表演。

1972年12月30日陳照丕老師病逝。這時太極拳正處於青黃不接時期，特派陳茂森赴北京請陳照奎老師返鄉，傳授太極拳新架套路。

1973年任溫縣領隊兼教練，參加河南省在開封市舉行的第2屆武術運動大會。

1974年獲新鄉地區太極拳選拔賽第1名。

1974年任河南省武術協會會員。

1975年再次榮獲河南省新鄉地區太極拳選拔賽第1名。

1976年任温縣隊領隊兼教練，參加新鄉地區太極拳比賽。

1981年參加在河南省平頂山市舉行的太極拳比賽，榮獲銀獎。

1982年參加河南省太極拳推手賽，任温縣隊教練兼隊員，以棄權獲第2名。

1982年參加河南省在平頂山市舉辦的太極拳比賽，榮獲金牌。

1982年參加在北京工人體育場舉行的全國太極拳推手比賽，榮獲冠軍。

1983年1月調到河南省體委武術處工作。

1983年7月27日受全日本太極拳協會的邀請，以陳家溝太極拳武術學校校長名義赴日本訪問。

1984年温縣武術協會成立，任副秘書長。

1984年温縣舉辦太極拳推手比賽，任總裁判長。

1984年河南省在温縣舉辦太極拳推手比賽，任裁判長兼温縣隊教練。

1984年任河南省武術館教練。

1985年任焦作市陳式太極拳協會顧問。

1985年温縣舉辦太極拳推手大賽，任總裁判長。

1985年河南省舉辦太極拳武術比賽，任温縣隊教練。

1985年全國太極拳比賽在山西省太原市舉行，任河南省隊教練。

1985年河南省太極拳選拔賽在鄭州市舉行，獲第1名。

1985年河南省職工武術選拔賽在開封市舉行，獲第1名。

1985年全國首屆太極拳名家邀請賽在黑龍江省哈爾濱市舉行，獲第1名。

　　1986年溫縣舉辦太極拳選拔賽，任總裁判長。

　　1986年河南省舉辦武術比賽，任溫縣隊教練。

　　1986年全國太極拳推手比賽在山東省濰坊市舉行，任河南省隊教練。

　　1986年10月1日應日本七堂利幸的邀請赴日本東京、大阪等地講學、傳拳。在此期間，應日本國際文化交流協會會長和大阪市市長的邀請，參加了該協會舉辦的國際學術交流大會，並且表演了陳式太極拳老架一路、二路，新架一路、二路及單劍等，受到了各國代表的好評。大阪市市長贈送城市金鑰匙，並被接納為大阪市名譽市民。

　　1987年溫縣舉辦太極拳推手大賽，任總裁判長。

　　1987年被河南省體委授予一級裁判員稱號。

　　1987年河南省旅遊學會成立，任第1屆常務理事會理事。

　　1987年溫縣成立中國陳式太極拳推廣中心，任總教練。

　　1987年10月全國武術比賽在湖北省孝感市舉行，任裁判。

　　1988年在河南省第1屆青少年運動會期間從省體委被借調到焦作武術館任教，在河南省第1屆青少年運動會上焦作市武術隊取得了各項太極拳比賽的優異成績，被焦作市人民政府記二等功一次。

　　1988年任少林國際武術邀請賽副總裁判長。

　　1988年任江西省南昌市陳式太極拳學會顧問。

　　1988年7月1日晉升武術中級職稱，發證單位為河南體委武術館。

　　1989年由天津開明文教音像出版社出版發行《中國神功——陳式太極拳王西安大系》(1)。

　　1989年3月2日應若瓦斯先生的邀請首次訪問法國。在訪問期間，接受了巴黎市第一、第二、第三電視臺，《歐洲時報》，《空手道雜誌社》，《解放報》等多家新聞單位專題採訪。同年3月15日夜，受到法國前總統、時任巴黎市市長希拉克的

接見，並合影留念。

1989年被中共溫縣縣委授予先進科技工作者稱號。

1990年8月受日本瀨戶口篤邀請赴日為第11屆亞洲運動會開幕式中日太極拳表演培訓日本隊員。

1991年被河南師範大學聘為名譽教授。

1991年河南省太極拳劍比賽在開封市舉行，任副總裁判長。

1991年任焦作市武術協會副主席。

1991年11月6日至12月10日應瑞士和法國王衛國先生的邀請，赴瑞士、法國進行講學和訪問。

1992年4月21日受國家武術院特邀，赴濟南參加全國推手規則研討會。

1992年5月18日河南省太極拳劍推手賽在平頂山市舉行，任焦作市隊領隊兼教練。

1992年從河南省體委調到溫縣體委。

1992年9月任河南省溫縣太極武術館副館長兼總教練。

1993年編著的《陳式太極拳老架》一書由河南科學技術出版社出版。

1993年任溫縣太極拳開發委員會副主任。

1993年3月晉升為國家武術高級教練，發證單位為河南省人民政府。

1993年5月任河北省永年國際楊式太極拳聯誼會副理事長。

1993年5月30日任湖南省邵陽市陳式太極拳協會顧問。

1993年6月22日被中共溫縣縣委、溫縣人民政府命名為專業技術拔尖人才。

1993年10月受國家武術院特邀，赴杭州參加全國推手規則研討會。

1993年12月1日任河北省永年國際太極拳學院總教練。

1993年12月13日任南京市陳式太極拳研究會高級顧問。

　　1994年從溫縣體委調到溫縣旅遊局工作。

　　1994年被河南大學特邀為體育系太極拳培訓中心副主任兼總教練。

　　1994年應簡柳軍先生之邀赴法國巴黎講學，並成立了巴黎溫縣武術館、巴黎分館，任總教練。

　　1994年6月在全國武術之鄉比賽中，中共溫縣縣委、溫縣人民政府給予記功表彰一次。

　　1994年9月6日受馬來西亞少林國術健身社的邀請，任本社總教練。

　　1994年12月14日赴法國巴黎講學。

　　1995年應日本TBS電視臺與福昌堂出版社之約，在日本出版發行了《中國神功功夫最好》錄影帶，《陳式太極拳老架一路、二路及單勢演練與技擊用法》一、二集。

　　1995年11月應日本東京都野口敦子女士的邀請，赴東京、神戶、廣島、橫濱等地講學。

　　1996年5月應法國駱麗微女士的邀請，赴法國、荷蘭、西班牙等國講學。

　　1996年8月1日任山東省濟寧市發電廠武術隊高級顧問。

　　1996年8月6日任山東省兗州市體育協會高級顧問。

　　1996年8月28日任韓國城市太極氣功協會常任顧問。

　　1997年任江蘇省泗洪縣國際太極拳年會泗洪分會名譽會長。

　　1997年被聘為上海國際武術節特邀嘉賓。

　　1997年3月納入《國家名人典》。

　　1998年2月任浙江省溫州市國術館顧問。

　　1998年6月任美國休士頓太極拳武術館顧問。

　　1998年7月編著的《陳式太極拳推手技法》一書由河南科學技術出版社出版。

　　1998年8月任28集電視連續劇《太極宗師》武術顧問。

1998年11月任福建省漳州市太極拳協會顧問。

1999年自籌資金，興建一所占地約2萬平方公尺的陳家溝武術院（於1999年6月破土動工，2001年1月1日舉行開學典禮）。

1999年2月《陳式太極拳老架》（法文版，簡柳軍譯）在法國發行1萬冊。

1999年6月納入《中國民間武術家名典》。

1999年7月應法國巴德納市體育部、艾變協會蘇吾・阿蘭先生的邀請赴法國講學。

1999年7月編著的《陳式太極拳老架技擊秘訣》一書由河南科學技術出版社出版。

1999年8月納入《中國專家人才庫》。

1999年8月納入《中國百業領導英才大典》。

1999年9月納入《世界優秀人才大典》。

1999年9月納入《中國跨世紀人才大全》。

2000年2月納入《國際名人錄》。

2000年3月納入《二十一世紀人才庫》。

2000年4月組建了美國加利福尼亞州陳家溝武術院美國分院。

2000年4月美國加利福尼亞州金太陽女士成立了王西安太極拳研究會。

2000年5月納入《中國專家學者辭典》。

2000年5月17日應美國加利福尼亞州李書東先生的邀請，到舊金山、休士頓等地講學。同時作為太極瑰寶國際武術錦標賽、美國勤武武術聯合會的特邀代表，前往表演。廣大太極拳愛好者給予高度讚揚。《世界日報》、《神州日報》等媒體紛紛報導，被《美南新聞》譽為「國際太極拳王」。

2000年6月29日，應法國巴德納市體育部、艾變協會蘇吾・阿蘭先生的邀請赴法國講學。

2000年6月被法國巴德納市市長公尺琪‧爾維先生授予「巴德納市永久榮譽市民」稱號。

2000年7月組建法國巴德納市艾變協會，成立了陳家溝武術院巴德納分院（分院院長為凱西亞阿列克斯）。

2000年7月納入《跨世紀人才》。

2000年8月納入《中國當代創業英才》。

2000年8月20～26日作為特邀嘉賓任中國‧焦作國際太極拳年會仲裁。

2000年8月任中國民間武術家聯誼會副會長。

2000年9月納入《中華人物大典》。

2000年9月納入《中國專家大辭典》。

2000年9月納入《中國世紀專家》。

2000年9月納入《華夏英傑》。

2000年10月納入《輝煌成就，世紀曙光》。

2000年11月納入《中國專家人名辭典》。

2000年11月納入《中國人才世紀獻辭》。

2001年任陳家溝武術院院長。

2001年參加「隆威」中國珠海國際太極拳交流大會，為特邀嘉賓兼技術顧問。

2001年8月應法國艾變協會蘇吾‧阿蘭先生的邀請，和閻素杰女士一起到法國巴德納及西班牙幫補路那講學。在法國講學時，學生為來自歐洲各國的太極拳教練；在西班牙講學時學員達500多人。

2002年任香港太極氣功社第2屆名譽會長。

2002年8月被聘為第2屆中國溫縣國際太極拳年會特邀嘉賓。

2002年8月應法國艾變協會蘇吾‧阿蘭先生的邀請到法國巴德納講學。

2003年在河南音像出版社出版太極拳教學VCD7套。

　　2003年王西安國際太極拳協會希臘分會成立。

　　2003年4月被聘為洛陽師範學院客座教練。

　　2003年4月赴溫州、杭州講學。

　　2003年5月王西安拳法研究會香港分會成立，到會的香港各界領導及太極拳愛好者300餘人。

　　2003年8月應法國艾變協會蘇吾‧阿蘭先生和基先生的邀請赴法國巴德納、公尺路絲市講學，學生為來自各國的太極拳教練。

　　2003年9月被江蘇太倉太極拳交流大會聘為特邀嘉賓。

　　2003年9月赴佛山、桂林、昆明、重慶、石獅、廈門和西安講學交流。

　　2003年10月赴山東講學。

　　2004年在法國成立王西安拳法研究會法國分會，菲利浦德拉日任會長。

　　2004年4月應美國李書東先生的邀請，與閻素杰女士一起赴美國講學。

　　2004年7月應法國艾變協會蘇吾‧阿蘭先生的邀請赴法國巴德納講學。

　　2004年8月溫縣王西安拳法研究會成立，閻素杰任第1屆會長。

　　2004年8月第1屆王西安拳法研究會學習班開班，到會的全國各地教練及學員100餘人。

　　2005年任香港太極氣功社第3屆名譽會長。

　　2005年應溝丁那‧阿蘭先生之邀赴法國授拳。

　　2005年任焦作市太極拳研究會副會長。

　　2005年溫縣太極拳研究會成立，任副會長。

　　2005年任溫縣太極拳劍比賽仲裁。

　　2005年2月應法國王西安拳法研究會基先生和菲利浦德拉日兩人之邀到公尺路絲市和蒙都班市講學。

2005年5月11日被香港太極氣功社聘為2005年武術交流會演嘉賓。

2005年7月應王西安拳法研究會法國分會、巴德納市體育部、溝丁那・阿蘭先生的邀請，與閻素杰女士一起到毛里翁市講學。

2005年9月被聘為中國焦作國際太極拳年會特邀嘉賓。

2005年10月王西安拳法研究會溫州麗水分會成立。

2005年10月浙江桐鄉市王西安拳法研究會桐鄉分會成立。

2005年10月28日溫州成立王西安拳法研究會溫州分會。

2006年廣州華都王西安拳法分會成立。

2006年1月榮獲中國民間武術家聯誼會優秀副會長稱號。

2006年2月受王西安拳法研究會法國分會美野萊蒙女士和基先生的邀請，與閻素杰女士一起赴法國比雅麗市和米路絲市授拳。

2006年3月應李書東先生的邀請，與閻素杰女士一起赴美國加利福尼亞州授拳。

2006年5月任第2屆東亞武術交流大會顧問，兼王西安拳法研究會教練。

2006年5月任河南省太極拳劍比賽仲裁。

2006年5月《陳式太極拳老架》、《陳式太極拳老架技擊秘訣》、《陳式太極拳推手技法》（法文版，溝丁那・阿蘭翻譯）在法國發行。

2006年5月被聘為香港中華內家拳總會永久名譽會長。

2006年7月應王西安拳法研究會法國分會、巴德納市政府、鄭壽傑先生的邀請，與閻素杰女士一起到法國巴德納市講學。

2006年8月河南省溫縣舉辦「王西安太極人生」大型影展。

2006年9月和閻素杰女士一起到河南鹿邑縣講學。

2006年11月被河南電視臺武林風聘為專家評委。

2007年元旦，應林俊生先生邀請赴香港參加「太極推手」名家表演並擔任仲裁。

2007年1月王西安拳法研究會濮院分會成立。

2007年2月和閻素杰女士一起赴法國、義大利講學。

2007年5月應王西安拳法研究會的邀請，在温縣舉辦「陳式太極拳老架一路」提高班。

2007年5月被河南電視臺武林風聘為專家評委。

2007年6月被命名為第一批國家級非物質文化遺產陳式太極拳傳承人。

2007年7月應香港太極氣功社邀請，赴香港講學並擔任「回歸杯太極推手比賽」仲裁。

2007年8月10日在陳家溝培訓王西安拳法研究會法國分會、義大利分會、希臘分會會員及俄羅斯、奧地利、美國學生。

2007年8月應邀參加「中國・焦作國際太極拳交流大賽」名家表演。

2007年9月接受國務院新聞辦的採訪。

2007年10月3日，應邀參加「中國太極拳發源地、中國太極拳文化研究基地」授牌儀式暨陳家溝全國太極拳邀請賽開幕式上名家表演。

2007年11月1日受韓國「掤捋擠按學校」邀請攜弟子申思及石東赴韓國參加太極拳文化交流。

2007年11月5日和閻素杰女士一起應邀參加王西安拳法研究會淄博分會掛牌儀式。

2007年11月5日，入圍央視武林大會陳式太極拳海選的16強太極高手中，王西安拳法研究會會員占七名，他們分別是：王戰軍、陳三虎、李天金、宋三星、樊帥鑫、王峰、范魁。

2007年11月7日應中央電視臺武術大會訓練營的邀請，以武林大會全國選拔賽訓練營指導專家的身份，攜温縣體育局武術科科長王東方、王西安拳法研究會會長閻素杰，共同前往馬

鞍山對入圍十六強的選手等進行集中訓練、指導。

2007年11月23日在陳家溝培訓日本東京陳式太極拳學員。

2007年11月接受黑龍江衛視的採訪。

2007年11月24日邀請美國國際文化科學院院士、太極圖文化研究所所長、四川華林自控科技有限公司董事長明賜東先生，到陳家溝武術院進行「太極圖探秘」及「中國始原文化棗太極」的講座。

2007年12月25日和閻素杰女士一起應登封市嵩山少林寺第一武術學院的邀請參加中國‧陳家溝太極拳少林培訓基地揭牌典禮儀式，同時被聘為訓練基地的顧問。

2007年12月28日應佛山弟子和粵港澳地區太極武術愛好者的要求和閻素杰女士一起到佛山市嶺南明珠體育館講學。

2007年12月被中央電視臺聘為武林大會陳式太極拳專家評委。

2008年2月7日應王西安拳法研究會法國分會、義大利分會、希臘分會的邀請和閻素杰女士一起赴歐洲講學。

2008年3月王西安拳法研究會會員王戰軍、陳三虎、李天金、樊帥鑫囊括中央電視臺武林大會陳式太極拳四個周擂主，王戰軍獲總擂主。

（截稿於2008年4月）

彩色圖解太極武術

歡迎至本公司購買書籍

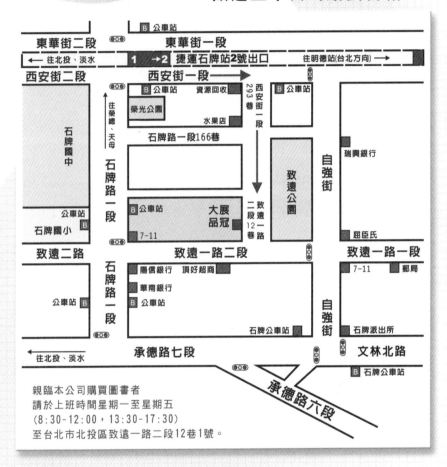

親臨本公司購買圖書者
請於上班時間星期一至星期五
(8：30-12：00，13：30-17：30)
至台北市北投區致遠一路二段12巷1號。

建議路線
1.搭乘捷運
　　淡水信義線石牌站下車，由月台上二號出口出站，二號出口出站後靠右邊，沿著捷運高架往台北方向走(往明德站方向)，其街名為西安街，約80公尺後至西安一段293巷進入(巷口有一公車站牌，站名為自強街口，勿超過紅綠燈)，再步行約200公尺可達本公司，本公司面對致遠公園。

2.自行開車或騎車
　　由承德路接石牌路，看到陽信銀行右轉，此條即為致遠一路二段，在遇到自強街(紅綠燈)前的巷子左轉，即可看到本公司招牌。

國家圖書館出版品預行編目資料

陳式太極拳老架技擊秘訣／王西安　著
——初版——臺北市，大展，2020〔民109.04〕
　　面；21公分——（陳式太極拳；14）
　　ISBN 978-986-346-292-7　（平裝）
　　1. 太極拳
　　528.972　　　　　　　　　　　109001325

陳式太極拳 **老 架** 技擊秘訣

著　　者／王　西　安

責任編輯／韓　家　顯・韓　雅　楠

發 行 人／蔡　森　明

出 版 者／大展出版社有限公司

社　　址／台北市北投區（石牌）致遠一路2段12巷1號

電　　話／(02) 28236031・28236033・28233123

傳　　真／(02) 28272069

郵政劃撥／01669551

網　　址／www.dah-jaan.com.tw

E-mail／service@dah-jaan.com.tw

登 記 證／局版臺業字第2171號

承 印 者／傳興印刷有限公司

裝　　訂／佳昇興業有限公司

排 版 者／千兵企業有限公司

授 權 者／河南科學技術出版社

初版1刷／2020年（民109）4月

定　價／300元

大展好書　好書大展
品嘗好書　冠群可期

大展好書　好書大展

品嘗好書·　冠群可期